나에게 품이란 무엇일까?

나에게 품이란 무엇일까?

제1판 제1쇄 발행일 2014년 2월 25일
　　　　　제5쇄 발행일 2017년 5월 15일

기획 | 길담서원
글 | 윤구병, 이현주, 이남희, 이계삼, 유창복, 박성준
편집 | 책도둑(김민호, 박정훈, 박정식)
그림 | 박형진
본문 디자인 | 김효중
펴낸이 | 김은지
펴낸곳 | 철수와영희
등록번호 | 제319-2005-42호
주소 | 서울시 마포구 월드컵로 65, 302호(망원동, 양경회관)
전화 | (02)332-0815
팩스 | (02)6091-0815
전자우편 | chulsu815@hanmail.net

ISBN 978-89-93463-47-7 43300

철수와영희 출판사는 '어린이' 철수와 영희, '어른' 철수와 영희에게 도움 되는
책을 펴내기 위해 노력하고 있습니다.

길담서원 청소년인문학교실_품

나에게 품이란 무엇일까?

공동체에 대한 고민

윤구병, 이현주, 이남희, 이계삼, 유창복, 박성준

철수와영희

보다 나은 세상을
함께 만들기 위한 우정의 '품'

길담서원은 2013년 12월 15일 서울시 종로구 통인동 시절을 접고 옥인동 시대를 열어가고 있습니다. 이 책이 옥인동 시대에 출간되는 첫 번째 책이 될 것입니다. 지난 6년 동안 길담서원에서는 다채로운 모임들이 둥지를 틀었습니다. 콩글리시(영어 원서 강독 모임), 책여세(책 읽기 모임)를 시작으로 청소년인문학교실, 어른인문학교실, 한뼘미술관, 경제공부모임, 철학공방, 책마음샘(찾아가는 음악회), 끄세쥬(프랑스어문 모임), Weltreise(독일어문 모임), 맨땅일본어, 바느질 인문학, 이야기 드로잉교실, 서로의 거울에 비추어(한 권의 책을 쓰기 위한 글쓰기 모임) 등등. 모임 하나하나의 중심에는 우연히 찾아 왔다 길담서원의 주인이 된 사람들이 있습니다. 그 가운데서도 가장 반갑고 마음 설레는 모임이 청소년인문학교실입니다.

"우리 아이들을 위한 인문학 공부 모임도 있었으면 좋겠어요."

중2 청소년을 둔 어머니의 이 한마디가 씨앗이 되었습니다. 씨앗은 '청소년인문학교실을 위한 준비모임'으로 싹이 텄습니다. 준비모임에는 학부모, 교사, 교육에 관심 있는 분들이 모였습니다. 몇 차례의 준비 모임과 두 번의 시범 교실을 거쳐 2009년 1월부터 아래와 같은 생각을 기본으로 길담서원 청소년인문학교실을 열고 있습니다.

_청소년은 수동적 존재가 아닌 주체이다. 청소년인문학교실 기획
모임에는 청소년이 어른들과 대등하게 참여한다. 수업의 30퍼센
트 정도는 청소년의 시간으로 할애한다.

_강의는 연구와 실천을 겸비한 전문가에게 의뢰한다. 현실을 직시
하는 비판적 분석과 대안 있는 해법이 조화를 이루게 한다. 현직
교사도 강사로 모셔서 학교 현장과 소통하는 교실이 되도록 한다.

_주제를 예술적으로 구현한 문학 작품과 철학적으로 접근한 강의
를 반드시 포함시켜 청소년기의 맑고 따뜻한 감성을 보듬고 논리
적이고 이성적인 사유 능력을 기르도록 한다.

_주제와 관련하여 1박 2일 답사 프로그램을 진행한다. 자유분방한
프로그램 속에서 또래들과 친해지고 도심에서 자란 청소년이 자
연과 벗하는 기회를 갖도록 한다.

_경제 형편이 어려운 가정의 청소년도 참여할 수 있도록 최대한 참
가비를 낮추고 장학 제도와 같은 숨구멍을 터놓도록 한다.

길담서원 청소년인문학교실은 위와 같은 정신을 바탕으로 그동안
길, 일, 돈, 몸, 밥, 집, 품, 힘, 눈, 삶을 주제로 열었고 앞으로 앎, 글,
손, 땅, 불, 물, 똥, 꿈, 숨, 말 등의 주제로 열어갈 것입니다. 한 글자

인문학교실이 끝나면 사랑, 평화, 철학, 역사, 인간, 종교, 공부 등 두 글자 주제로, 세 글자 주제로 전개할 예정입니다.

이번에는 공동체에 대한 고민을 '품'이라는 순수 우리말 한 글자에 담아 풀어보았습니다. 일, 『나는 무슨 일 하며 살아야할까?』 돈, 『나에게 돈이란 무엇일까?』 몸, 『태곳적부터의 이모티콘』 밥, 『세상을 담은 밥 한 그릇』 집, 『나는 어떤 집에 살아야 행복할까?』에 이어 여섯 번째 책입니다.

공동체는 시대에 따라, 연구 분야에 따라, 학자에 따라 그 개념 정의가 다르지만, 기본적으로는 혈연이나 지연, 같은 이해관계나 목적을 중심으로 삶을 영위하는 크고 작은 모임이나 조직을 뜻합니다. 가족과 친척 등 혈연을 중심으로 한 씨족공동체, 마을이나 지연을 중심으로 한 촌락공동체, 종교나 이념을 따르는 정신적 공동체 등이 있습니다.

근대 이전, 공동체는 자급자족이라는 농업의 특수성 때문에 가족, 친척 간의 신분질서를 유지하며 촌락 사람들이 서로 협동하지 않고는 살기가 힘들었습니다. 그래서 개인의 자율성보다는 공동체를 위한 협동이 강조되었습니다. 공동체 안에서 생산을 함께 하고, 다툼이 있을 경우는 서로 조율하고 잘못에 대해 벌을 주기도 했습니다. 또 종교적인 활동도 같이 했으며, 국가에 바치는 세금을 함께 담당하고 외부의 침입 등에 공동으로 대처했습니다. 따라서 근대 이전의 공동체는 그 안에서 이해관계, 갈등관계, 의무감 등을 조절하며 깊은 정서적 유대감을 가졌습니다. 이렇게 공동체는 한 사람이 태어나 죽을 때까지 부모, 스승, 마을 사람들에게 규범과 학문을 배우고 그 지역만의 특수한 문화를 익히고 발전시켜 후손에게 전달하는 사회조직이자 구조이기도 했습니다. 이렇게 하나의 공동체는 마을 사람들의 사회적이고 문화적인 생활이 그 안에서 끊임없이 반복하며 영위되는 틀이었습니다.

근대화가 되면서 이러한 공동체들이 촌락으로부터 지방, 국가, 세계에 이르기까지 확대되었습니다. 또 종교적 공동체는 지역, 인종, 민족, 국가를 초월하여 같은 신앙을 가진 사람들이 연합하였습니다. 현대에 와서는 학연이나 지연을 넘어서 가치관과 문화적 정서가 서로 통하는 사람들이 자발적으로 참여하고 연대하는 평등관계의 새로운 공동체가 늘어나고 있습니다. 생각과 뜻이 통하는 사람들이 내가 원하는 것을 함께할 동지를 모아 내가 원하는 마을을 만들고 내가 바라는 보다 나은 세상을 함께 만들기 위한 우정의 품(공동체)들을 만들어가고 있습니다. 이제 이들의 관심은 흙과 땅과 그 위에 살고 있는 동식물에까지 이르게 되었습니다. 자연의 건강과 사람의 건강을 하나의 문제로 생각하는 사람들이 생겨나고 있고 그 수가 점점 늘어나고 있습니다.

이 책은 여러 분야에서 공동체에 관한 고민을 하면서 실천하고 있는 선생님들이 길담서원 청소년인문학교실의 친구들에게 들려준 강의를 토대로 한 것입니다. 이남희 선생님은 가족과 국가 정책의 관계, 부모와 자식 간의 문제를 사례를 들어 설명합니다. 유창복 선생님은 성미산 마을공동체의 경험을 갈등과 고민의 해결에 이르기까지 진솔하게 토로합니다. 이계삼 선생님과 윤구병 선생님의 글에서는 학교라는 품이 안고 있는 교육의 아픔과 어려움, 그 해결의 실마리가 제시됩니다. 이현주 선생님의 말씀에서는 종교라는 품에 대한 가슴이 탁 트이는 신선한 접근을 만납니다. 마지막으로, 박성준 선생님은 인문학을 배우는 시민들이 함께 자율적으로 가꾸어가는 우정의 품인 길담서원 이야기를 풀어놓습니다.

캄캄한 동굴 속에서 가파른 경쟁의 사닥다리를 타고 있는 것 같은 청소년들이 이 책을 읽고 친구들과 함께 내가 원하는 공동체를 만들어서 내가 원하는 삶을 나답게 살아갈 수 있다는 희망을 발견하기 바랍니다.

2014년 2월

길담서원 대표 박성준

학예실장 이재성

서로 돕고 살아가는 힘

윤구병
철학자·농부

사람은 서로 도우면서 살지 않으면 살 수 없는 생명체로 태어났으니까 품을 서로 주고받아야 한다고 생각해요. 품을 산다, 품을 판다는 말도 있고, 품앗이라는 말도 있고, 엄마 품 아빠 품이라는 말도 있지만 이 품이라는 것은 실제로 울타리 안에 갇혀 있어서는 안 되고, 더 넓은 품으로 품들이 확산돼야 한다고 생각해요. 그래서 서로 돕고 사는 힘들이 더 확산되면 확산될수록 좋은 세상이 온다고 생각합니다.

윤구병

전라도 변산에서 공동체를 이끌며 동시대인에게 언제나 '게으른 상상력'을 강조해 온 철학자이자 농부다. 1981년부터 충북대학교 교수로 15년 동안 일하면서 어린이 책 기획자로도 활동했다. 1996년 농부가 되고 싶어 철학 교수를 그만두고 전북 부안으로 내려가 농사를 짓는 한편, 대안 교육을 하는 '변산교육공동체'를 설립했다. 쓴 책으로는 『잡초는 없다』, 『꼭 같은 것보다 다 다른 것이 더 좋아』, 『꿈이 있는 공동체 학교』, 『가난하지만 행복하게』, 『철학을 다시 쓴다』 등이 있다.

서로 돕고 살아가는 힘

이제까지 살아오는 동안 거짓말 한 번도 안 해 본 사람 손들어 봐요. 아무도 없나요? (웃음) 우리가 언제 참말이라고 하고 언제 거짓말이라 그러죠? 어떤 때 거짓말이라 하고 어떤 때 참말이라고 그러죠? 우리 옆집 할머님이, 내가 지극히 사랑하는 분인데요, 올해 일흔아홉 살이신데 초등학교 문턱도 못 밟아 본 분이세요. 그런데 제가 "어떤 때 참말이라 그리고 어떤 때 거짓말이라고 그래요?" 하면 그냥 저에게 욕을 하십니다. "아따, 대학 선생을 십오 년이나 했다 그러고 게다가 철학 선생이나 했다는 사람이 그것도 몰라?" 하고요. 그러면서 "아! 있는 것을 있다 그리고 없는 걸 없다 그러는 것이 참말이고, 없는 걸 있다 그러는 것이나 있는 걸 없다 그러는 것이 거짓말이지." 하십니다.

스스로 제 앞가림을 할 수 있는 힘을 기르자

인 것을 이라 그리고 아닌 것을 아니라고 하는 것이 참말이고, 아닌 것을 이라고 그러거나 인 것을 아니라 하는 것이 거짓말이에요.

그런데 참말을 하기 쉬워요, 어려워요? (청소년 : 어려워요.) 왜 어렵죠? (청소년 : 혼나는 때가 많아요.) 맞아요. 대체로 두려움 때문에 무서워서 거짓말하게 되는 경우가 참 많죠? 어렸을 때부터요. 그러면 이제 여러분들한테 "쫄지 마. 참말만 해." 그런다고 해서 여러분들이 거짓말하는 버릇을 고칠까요? (청소년 : 아니요.) 왜 못 고쳐요? 이야기해 봐요. (청소년 : 그래도 그게 더 무서우니까요.) 아! 참말 하는 것이요? 참말과 거짓말하고 연관돼서 문학작품 가운데 가장 먼저 떠오르는 것이 뭐예요? (청소년 : '피노키오'요. '벌거벗은 임금님'이오.) 벌거벗은 임금님, 그렇죠? 어른들은 죄다 거짓말하죠? 임금님이 홀랑 벗고 다니더라도 "아이고, 옷이 곱네요. 어쩌면 이렇게 시침을 잘했을까." 하고 입에 발린 거짓말들을 하죠. 무서운 것을 모르는 애들만 "임금님, 벌거벗었대요. 벗었대요." 하고 놀리죠. 벌거벗은 것이 보이니까요.

실제로 우리가 사는 세상이 참말은 하기 어렵고, 거짓말은 입에 바르기 쉬운 세상이 됐죠? 그래서 입에 발린 거짓말이라고 그러죠? 속마음은 전혀 그렇지 않으면서요. 그런데 모든 사람이 거짓말을 밥 먹듯이 하게 되면 어떤 일이 일어날까요? (청소년 : 진짜가 뭔지 몰라요.) 서로 의사소통을 할 수 없게 되어 버리죠? 여러분들, 크레타라는 섬 알지요? 크레타라는 섬에서 아테네로 온 사람이 이런 얘기를 했답니다. "우리 크레타 사람들은 죄다 거짓말쟁이다. 입만 벌리면 다 거짓말을 한다." 그런데 그 사람이 한 말이 참말일까요, 거짓말일까요? 잘 생각해 보세요. 이런 것들을 '딜레마'라고 해요. 참말이라고 하자니 그놈이 진짜 거짓말쟁이에요. 왜냐하면 크레타 사람이니까요. 거짓말이라고 하기니 또 다른 문제가 생겨요. 그런데 여러분들이 거짓말만 서로 하다 보면 의사소통이 끊겨 버린다고 그랬죠. 다른 사람은 믿을 수가 없게 돼요. 믿을 수 없으면 그 사람 말은 들으나 마나죠. 서로 말을 주고받을 수가 없어요.

인류가 이 지구상에 나타난 후부터 지금까지 변함없는 교육의 근본 목적이 무엇이죠? (청소년 : 살아남게 하는 것이오.) 사람은 살아남기 위해서 본능에만 의존할 수 없는 생명체로 태어났어요. 거미나 벌 같은 경우는 엄마 아빠가 일일이 집 짓는 법을 안 가르쳐도 유전자 속에 집 짓는 능력을 가지고 태어나요. 본능에 의해서 집도 짓고 먹을 것, 못 먹을 것을 가릴 수 있죠.

그런데 사람은 배우지 않으면 살아남을 수 없는 생명체로 태어났어요. 집 짓는 것도 배워야 하고 농사짓는 것도 배워야 하고 걸음마도 배워야 하고 말도 배워야 합니다. 살아남기 위해서 배우는 거죠. 그리고 실제로는 자기의 핏줄 혹은 종족 전체나 인류 전체를 위해 자기가 죽고 나서도 종을 유지할 수 있게 후손들이 살아남도록 그들을 가르치는 거죠. 교육의 궁극 목표 가운데 하나는 스스로 제 앞가림을 할 수 있는 힘을 길러 주는 것이에요. 의식주 문제를 전부 제 손으로 해결할 수 있는 힘을 길러 주는 것이 교육의 궁극 목표 중 하나입니다.

여러분들은 오랑우탄이 새끼를 몇 년 동안 교육시키는 줄 알아요? 오랑우탄은 평균 수명이 사십 중반에서 오십 살 정도 된다고 해요. 그런데 수컷은 씨만 뿌려 놓고 먼 숲 속으로 달아나 버려요. 수컷이 달아나 버리면 암컷들끼리 공동생활을 해서 새끼들을 길러요. 인류도 최초에 여자들이 모여서 공동체를 이뤘을 거예요. 그런데 오랑우탄은 공동체 생활을 하면서 칠 년 동안 새끼를 교육시켜요. 자연에서 나는 먹을 것 4백 가지 정도를 채취하는 방법을 가르쳐. 그리고 나무에서 나무로 건너뛰는 방법도 가르치고 나무 위에 둥지를 트는 것도 가르쳐. 그 사이에 수컷이 덤벼들면 물어뜯거나 발길로 걷어차서 얼씬도 못하게 합니다. 그런 교육 기간이 칠 년 걸려요.

그럼 교육의 또 하나의 궁극 목표는 무엇일까요? 사람은 혼자 살아남을 수 있는 생명체가 아니죠. 여기 친구 안경이 참 예쁘네요. 그런데 이 안경알, 직접 갈고 물들여서 이렇게 낀 걸까요? 아니죠? 이 옷은 어때요? 아니죠? 이렇게 사람들은 먹을 것과 입을 것, 잠자리까지 모두 서로 도와서 삽니다. 나한테는 이런 능력이 있고 당신한테는 저런 능력이 있고 그러니까 나누고 서로 바꾸어 쓰면서 살아남는 생명체인 거죠. 그래서 또 하나 교육의 궁극 목표는 오순도순 사이좋게 서로 도우면서 살 수 있는 힘을 길러 주는 것입니다. 경쟁력을 길러 주는 것이 교육의 궁극 목표가 아니에요. 협동하는 방법을 길러 주는 것이 교육의 궁극 목표예요. 그런데 서로 협동하고 도우고 살려면 어떤 힘을 길러 줘야 해요? (청소년 : 얘기하는 힘이오.)

그래요. 말하는 힘을 길러 줘야 해요. 실제로 우리는 영장류에 속하는 다른 유인원하고 어떤 것이 달라요? (청소년 : 말하는 거요.) 말을 하는 것도 굉장히 중요한 거죠. 그보다도 먼저 신체적인 특성을 들어 볼까요? (청소년 : 두 발로 걸어요.) 그렇죠. 두 발로 걷는 것이 가장 다르죠. 그리고 손은 다른 생명체하고 어떻게 달라요? 인간의 손은 엄지 손가락하고 다른 손가락의 기능 분화가 아주 잘 이뤄져 있어요. 도끼도 쥐고 낫도 쥐고 하면서 자기 삶에 필요한 것들을 두 앞발로 마련할 수 있는 그런 길을 열었는데, 어렸을 때 두 뒷발로 몸의 균형을 유지하도록 훈련 받고 교육 받음으로써 그렇게 된 거죠. 그래서 이 무거운 머리통을 허리뼈에 의지해서 맘대로 움직이게 할 수 있도록 그렇게 만들어졌지요. 두 뒷발로 신체의 균형을 유지하면서 두 앞발로 집도 짓고 농사도 짓고 옷도 짓고 이렇게 해서 살아남을 길들을 후대에 가르쳐 준 것이에요. 그리고 아까 이야기한 대로 서로 도우면서 살려면 서로 말을 나눠야 되죠.

그렇기 때문에 조기교육 가운데서 인류 역사상 이제까지 꼭 **빼놓**지 않고 시키는 것이 뭐죠? 걸음마하고 말을 가르치는 겁니다. 안 가르치면 네 발로 기어 다닙니다. 혹시 늑대소년 이야기 들어 봤어요? 네 발로 움직이고 말도 못하고 늑대하고 수명도 비슷하게 열다섯 살 정도에 죽은 늑대소년이 있었어요. 뒤늦게 발견을 해서 두 뒷발로 몸의 균형을 유지하도록 가르치려고 아무리 애써 봤지만 실패했어요. 말을 가르치려고 그렇게 애를 썼는데도 실패했어요. 걸음마와 말은 어느 시기에 배우지 않으면 안 되는 일이에요. 그렇기 때문에 말을 가르치는 것은 꼭 필요해요. 취학 전에 필요한 조기교육은 딱 두 가지뿐입니다. 나머지는 모두 우리 뇌 세포를 손상시켜서 좋지 않아요. 걸음마, 말 이 두 가지만 하고 나머지는 계속해서 놀려야 해요. 몸 놀리고 손발 놀리도록 해야 합니다.

'놀리도록 한다'는 말이 무슨 말일까요? 놀게 한다는 것이지요? '부지런히 손발 놀린다', '부지런히 몸 놀린다' 이 말은 무슨 말이죠? 열심히 일한다는 말입니다. 어렸을 때부터 우리의 몸과 손발이 자유롭게, 자유자재로 놀 수 있게 해야 어떤 상황에 우리가 부딪치든지 거기에 맞게 손발을 놀리고 몸을 놀려서 그 문제를 해결해 나갈 수가 있어요.

우리는 함께 살아가야 한다

여러분! 인류 역사상 가장 인간다운 삶을 산 종족을 들라 하면 아메리카 인디언들을 예로 드는 사람들이 많아요. 아메리카 대륙에는 수많은 부족들이 있었어요. 그리고 아메리카는 인디언의 땅이었습니다. 그런데 얼굴 흰 사람들이 나중에 와서 그 사람들의 땅을 죄다 뺏고, 들소도 죄다 죽이고는 '보호지'라는 그럴듯한 이름을 가진 척박한 땅에다 인디언들을 몰아넣고 자기네들이 다 차지했지요. 보호지라는 말이 무슨 말인가요? 이 말은 그 안에 있는 사람을 보호한다는 뜻이 아니에요.

여러분들, 자율 학습 해 봤죠? 그게 진짜 자율 학습인가요? 타율 학습을 자율 학습으로 그렇게 미화시키는 거죠. 인디언을 죽을 곳에 몰아넣고 보호지라고 그럴듯한 이름표를 붙였던 것이 참으로 고약한 백인들의 짓입니다. 보호지에 몰아넣고는 들소도 잃고 넓은 초원도 잃어버린 전사들이었던 인디언 어른들에게 백인들이 알코올을 먹이고 유럽에서 건너온 질병에 걸리게 했습니다. 인디언들은 실제로 북미 대륙에 살았을 때 그런 병을 몰랐어요. 그런데 유럽에서 들어온 얼굴 흰 사람들이 가져온 그 병들 때문에 많은 사람들이 거의 절멸하다시피 했어요.

그리고 백인들은 인디언 아이들을 우리가 말하는 제도교육 기관에 집어넣어서 제도교육을 시키려고 그랬어요. 그런데 제도교육에서 가장 중요한 것이 1등에서부터 꼴등까지 줄 세우는 서열화잖아요. 서열화하려면 무엇을 해야 하나요? 시험을 봐야 하죠.

그래서 인디언 아이들이 시험을 보게 되는데, 얼굴이 흰 백인 여선생님이 시험을 보기 전에 교육을 시킵니다. "모르는 사람한테 답 가르쳐 주지 마라." "옆 사람이 보자 그러면 보여주지 마." 하는 겁니다. 여러분들도 다 그렇게 배우고 자랐어요. 저도 그랬고요. 그런데 인디언들한테는 이것이 안 통하는 겁니다. 시험 때만 되면 우르르 모여서 서로 의논해서 답안지를 내는데 똑같아요. 하나도 다른 것이 없어요. 그래서 선생님은 "너희들 왜 이러니? 나중에 사회에 나가면 성적 좋은 애들은 좋은 직장, 좋은 학교 가야 하고 그렇지 않은 애들은 저기 별 볼일 없는 곳에 가서도 참아야 하는데, 이렇게 되면 시험이 아무 의미가 없지 않니?"라고 했답니다.

그러자 인디언 아이들이 대답하기를 "우리는 조상 대대로 삶의 문제를 해결하는 데는 수많은 정답이 있다고 배웠어요. 이를테면 저기 눈 쌓인 산꼭대기가 보이는데 거기에 가는 길을 당신들이 하는 수학적인 계산으로 하게 되면 수평선 긋고 맨 꼭대기에서 수직선 그어서 계산해 낸 그것을 지름길이라고 그러지요. 그런데 저 산에 올라가려면 그 사람이 어떤 신체 조건을 가지고 있고 나이가 몇살이냐, 그리고 그 산에 올라가는 길에 벼랑이 있느냐 없느냐, 가로막고 있는 것이 있느냐 없느냐에 따라서 저마다 다른 길로 가야 그 산에 오를 수 있습니다. 폭이 1미터도 안 되는 냇물이 가로막고 있어도 어린애나 노인네들은 건너뛸 수가 없고 돌아가야 하지요. 건널 만한 다리가 나올 때까지 혹은 물이 얕은 데까지 가야 합니다. 물론 혈기왕성하고 체력이 좋은 젊은이들은 훌쩍훌쩍 건너뛰어서 갈 수 있겠지요. 이렇게 저 산에 오르는 길도 무수히 많고 사람들마다 조건에 따라 저마다 다른 길을 갈 수 밖에 없는데, 당신들은 자로 수평선 긋고 수직선 그어서 지름길을 우리한테 가르치려고 합니다."

인디언 아이들이 이어서 말합니다. "그런데 당신들 말대로 시험문제의 하나밖에 없는 정답이 그렇게 중요한 것이고 또 시험이 우리 삶을 결정한다면 엄청나게 중요한 것 아닌가요? 우리 할머니 할아버지들은 어려운 일이 있을 때는 늘 머리를 맞대고 그 문제에 대한 최선의 답을 찾으라고 했어요. 그래서 우리는 이렇게 서로 모르는 사람은 묻고 아는 사람은 가르쳐 주고, 정답을 찾아낸 사람은 보여주고 정답을 모르는 사람은 보고 하는 것을 너무나 당연하다고 생각합니다. 우리는 함께 도와 가면서 살아가야 하기에, 실제로 머리를 맞대고 올바른 답 하나를 찾아내느라고 이렇게 애쓰는 것이 훨씬 더 도덕적이라고 생각합니다." 이렇게 대답했대요. 제가 직접 들은 이야기예요. 보호기에서 초기 인디언 부족 사이에서 일어난 일을 인문학가인 김우창 선생이 직접 해 준 얘기예요. 여러분들 생각은 어때요?

나는 무엇을, 어떻게 하고 싶은가

'선생님이 말씀하신 이야기가 이상적이고 도덕적이기는 하지만, 그러면 왜 우리를 이런 지옥 속에다가 몰아넣었어요? 선생님도 그 공범 아니에요?' 만약 이렇게 묻는다면 저도 할 말이 없어요. 그런데 여기 변산공동체 아이들은 시험이 없습니다. 시험제도가 얼마나 나쁜가 하는 것을 알기에 공동체 아이들은 시험을 보지 않습니다. 그런데 아이들 중 정말 대학 가고 싶다 하는 아이는 자기가 원하는 대학에 꼭 갑니다. 이제까지는 그렇습니다. 그렇지만 워낙 우리 교육과정이 다른 제도교육 기관의 교육과정과 다르기 때문에 한 해 재수를 해요. 하지만 대체로 한 해만 재수하면 원하는 대학에 가요.

왜 그러냐 하면 '동기'가 중요하기 때문이에요. 사실 하나밖에 없는 정답을 찾기는 굉장히 쉬워요. 정답이 하나밖에 없는데 그걸 찾는 것보다 더 쉬운 일이 어디 있어요? 그러니까 대학 가려고 마음먹으면 누구나 갈 수 있는데, 문제는 동기죠. 내가 꼭 대학에 가야 하느냐, 대학 가서 뭘 배우느냐 하는 겁니다. 내가 무엇을 어떻게 하고 싶다는 동기를 부여하는 것이 굉장히 중요해요.

그런데 여러분! 어떤 책을 좋은 책이라고 하죠? '좋은' 책, '좋은'

축구 선수, '좋은' 선생님처럼 '좋다'는 말이 많죠. 이렇게 '좋다'는 말을 여러 군데에서 많이 쓰는데, 어떤 때 우리는 '좋다'고 하고 어떤 때 '나쁘다'고 할까요? 있을 것이 있고 없을 것이 없으면 좋은 것이고, 없을 것이 있거나 있을 것이 없으면 나쁜 겁니다. 우리 몸에 병은 있을 것이에요, 없을 것이에요? 없어야 할 거죠? 있으면 나쁘죠. 지금 배가 좀 출출한데 왜 간식거리도 없어. 이것도 나쁜 거예요. 이렇게 참과 거짓, 좋음과 나쁨을 가리는 기준이라는 것은 굉장히 단순해요. 머리 쓸 필요가 없어요. 그런데 그동안의 교육이 여러분들한테 참을 진리와 진실, 거짓을 허위, 오류, 실수라는 식으로 얘기해서 여러분들 머리를 아주 뒤엉키게 만들어 놨어요. 좋고 나쁜 것도 그렇죠.

그러면 우리 사회는 좋은 사회인가요? 우리가 사는 세상은 좋은 세상인가요? 자! 전쟁, 억압, 착취, 탐욕 이런 것들과 과도한 경쟁 같은 것들은 좋은 세상이 되기 위해서 있어야 할 것이에요, 없어야 할 것이에요? (청소년 : 없어야 할 것이오.) 없어야 할 것이죠. 없어야 할 것이 분명하죠. 그러면 자유, 평등, 평화, 우애, 관용, 협동 이런 것들은 어떤가요? 있어야 할 거죠. 그렇다면 없어야 할 것이 있고, 있어야 할 것이 없으면 우리는 어떻게 해야 되나요? (청소년 : 있어야 할 것은 있게 만들고, 없어야 할 것은 없애야 돼요.) 그렇습니다. 있어야 할 것을 있게 만들고 없어야 할 것을 없애야 하는데, 이것은 없어야 할 것인데 있는 상황을 우리가 보고서 '이건 없어져야 한다.'고 우리 정신 영역에서 생각하고 주장하는 것을 우리는 무엇이라고 하지요? '비판정신'이라고 합니다. 그런데 비판정신만 투철하다고 해서 있을 것이 저절로 생겨나는 것은 이닙니다.

그렇다면 이것은 있어야 한다고 우리가 생각을 하고 어쨌든 이제까지 없었으니까 새로 만들어서라도 있어야 한다는 이런 우리의 두뇌활동을 무엇이라 부를까요? 이것을 창조정신이라고 합니다. 그러니까 비판정신만 가지고는 안 돼요. 우리 삶에 꼭 필요한데 없으면 그것을 새로 만들어 내야 합니다. 그런데 그것이 실천으로 나타날 때는 없어야 할 것을 어떻게 해야 한다고요? 없애야죠. 그런데 없앤다는 것은 파괴한다는 겁니다. 기존 질서라든지 무슨 건물이라든지 파괴를 한다는 것인데, 기존 질서에 덕을 보고 있는 사람들은 없어야 할 것투성이인데도 그것을 유지시키고 싶어 하기 때문에 이것을 없애는 작업을 파괴행위라고 하기도 하고 테러라고 하기도 합니다. 그래서 실제로는 그런 것을 없애려고 하는 사람들은 대부분 범죄자가 됩니다. 기득권을 쥐고 있는 사람들이 범죄로 몰아가니까 범죄자가 되는 거죠. 그러니까 범죄자가 되지 않기 위해서는 순응을 합니다. 없애야 할 것인데 눈감아 버리는 거죠. 거기에 실천으로나 행동으로 나서지를 못하고 눈감아 버립니다. 그래서 없애야 할 것투성이인 세상이 그대로 유지되는 거죠. 다른 길이 없어요.

그리고 창조적인 정신을 실천에 옮기는 것이 쉬워요, 어려워요? 말하자면 9·11사태 때 무역센터 쌍둥이 빌딩을 한순간에 무너뜨릴 수는 있지만 벽돌 한 장 한 장을 새로 만들어서 쌓아 올리는 것은 실제로는 긴 시간이 걸려요. 그러니까 비판은 쉽지만, 그리고 그것을 파괴하는 행위는 쉽지만 창조하는 정신과 새로운 세상을 빚어 내는 쪽으로 힘을 쏟는 것은 힘들고 어렵습니다. 그리고 이제까지 보질 못했던 것이기 때문에 많은 사람들한테 오해를 사기도 하고 회의적인 반응을 불러일으키기도 해요. 그렇다고 하더라도 여러분들은 좋은 여자, 좋은 남자 만나는 것, 좋은 축구 선수 경기 구경하는 것만 하지 말고 좋은 세상을 앞당기기 위해서 애써야 할 필요가 있지요.

자율성은 모든 생명체의 꽃이다

시골에 와서 살아 보면 불필요한 통제를 하는 사람이 없어요. 여러분들은 시간 단위로, 어떤 사람은 분 단위로 부모나 선생님들한테 통제를 당해요. 교육의 이름으로, 사랑의 이름으로 여러분들을 통제하죠. 실제로 취학하기 전부터 그렇게 통제를 받아 왔어요. 집에 가서 부모님한테 한번 여쭤 보세요. "엄마 아빠 어렸을 때 시골에서, 또 도시 골목에서 할머니가 '밥 먹어라! 밥 먹어라!' 하고 목이 터져라 외치는데도 못 듣고 잘 놀아 본 기억 있어요?"라고 말이에요. 아마 대부분 그런 기억 있다고 하시면서 그 행복한 추억 때문에 입이 귀에 걸릴 거예요. 그러면 또 묻는 거죠. "왜 우리한테는 그런 행복한 추억을 만들어 주려고 애쓰지 않으세요?" 속으로 찔끔하시면서 대답하시는 말씀이 있을 거예요. "세상이 그렇잖니. 놀다 보면 경쟁에서 뒤떨어지잖니." 이런 식으로 대답을 하실 겁니다.

그런데 자율성이라는 것은 모든 생명체의 꽃이고 생명의 원천입니다. 더구나 인간처럼 만물의 영장이라고 스스로를 내세우는 생명체 한테서는 이 자율성이 무엇보다도 소중해요. 프랑스혁명 때 삼색기를 만들었죠. 그 삼색기가 무엇을 나타내죠? 자유, 평등, 박애라고 합니다. 여기서 자유가 맨 먼저 옵니다. 조그마한 강아지풀이나 사람 발에 밟히는 질경이 하나도 누가 "너 지금 싹 터야 할 때야. 싹 터야 돼! 너 꽃 피워야 할 때야. 꽃 피워야 해! 열매 맺어야 할 때야. 열매 맺어야 해!" 이렇게 일일이 간섭을 해서 싹 트고 꽃 피고 열매 맺나요? 안 그렇잖아요. 그래서 우리는 스스로 그렇게 한다고 해서 자연이라 그러죠. '스스로 자自', '그럴 연然', 스스로 그렇게 한다는 의미예요. 사람은 다른 생명체보다도 훨씬 더 큰 자유 영역이 필요해요. 그런데도 계속해서 통제 속에 가둬요. 도시 사회가 굴러가려면 어쩔 수 없는 측면이 있긴 합니다.

반면 자연은 봄, 여름, 가을, 겨울 철마다 통제를 하는데 그것은 더 무서운 통제예요. 씨 뿌릴 때 안 뿌리면 곡식을 거둘 수가 없어요. 그래서 씨 뿌릴 때가 되면 자연이 물어요. '너 씨 뿌릴래, 굶어 죽을래?'라고요. 굶어 죽지 않으려면 씨를 제때 뿌려야 해요. 그다음에 풀이 한창 올라올 때 풀을 그대로 놔두면 곡식과 채소의 영양분을 다 빨아먹어 버리고 그늘져서 못 자라게 만들어 버리죠. 그래서 또 자연이 묻죠. '너 땡볕에서 콩밭 맬래, 굶어 죽을래?' 하죠.

왜 땡볕에서 콩밭을 매는 줄 알아요? 〈칠갑산〉 노래 혹시 아는 사람 있어요? '콩밭 매는~ 아낙네야~ 베적삼이 흠뻑 젖는다~' 이 노래 들어 본 기억 있어요? 그럼 베적삼이 흠뻑 젖도록 왜 땡볕에서 김을 맬까요? 시원할 때나 저녁 무렵에 김을 매도 되고 비가 부슬부슬 뿌리는 때 김을 매도 될 텐데요. 김매기는 한창 풀이 자랄 때, 어릴 때 호미로 긁어 줘야 해요. 그리고 뿌리를 땡볕에 말리지 않으면 저녁 이슬 맞아서 다시 뿌리를 내려요. 비오고 난 후에는 뿌리를 뽑더라도 흙이 잔뜩 달라붙어서 되살아나기 쉬워요. 그렇기 때문에 '땡볕에서 김 맬래, 굶어 죽을래?' 하고 묻는 겁니다.

보리를 거두는 철에는 모도 심어야 하고 장마도 겹치고 그래서 정신이 하나도 없어요. 그래서 강아지 손이라도 빌리고 싶어 하는 때라고 그래요. 이때 자연은 '보리를 제때 거둘래, 아니면 굶어 죽을래?' 하고 묻는단 말이죠. 벼도 오래 논에다 세워 놓으면 귀가 다 떨어져서 거둘 것이 없어져 버려요. 그래서 '제때 거둘래, 굶어 죽을래?' 그러는 거예요. 자연의 통제는 그걸 안 따르면 목숨을 내놓아야 하는 것이기 때문에 따를 수밖에 없어요. 자연스러운 통제이기에 받아들여야 해요.

그런데 사람이 하는 통제, 이를테면 교실이나 집에서 하는 통제는 꼭 그 통제를 받아들여야 내가 살아 남을 수 있나요? 그건 아니죠. 부모님들과 선생님들은 실제로는 교육에 대해서 잘못된 생각을 하고 계십니다. 여러분들이 한창 자유롭게 생각을 하고 자유롭게 손발 놀려야 할 때 그것을 시간 단위, 분 단위로 통제해 들어가는 측면이 있어요.

이제 혼잣말을 여기서 그치고 여러분들이 질문 있으면 질문을 받아서 대답하는 시간을 가집시다. 질문할 것이 있나요? (웃음) 질문할

'것이 없으면 여러분들 자유롭게 어디 가서 손발 놀리고 몸 놀릴까요?

스스로 삶과 시간을 통제하라

청소년 제가 책에서 읽었는데요. 변산공동체 학교에서는 오전에는 보통 학교들처럼은 아니더라도 어쨌든 교과 공부를 한다고 들었는데 어떻게 하는지 궁금합니다.

윤구병 공동체 학교 초기에는 다 가르쳤는데, 조금씩 달라져 왔어요. 오전 세 시간 동안 역사도 가르치고 자연학, 인문학, 사회학을 가르치고, 그다음에 영어 가르치고 수학도 가르치고 국어, 철학, 한문 등 온갖 것을 다 가르쳤어요. 그리고 역사는 초기에 이렇게 가르쳤어요. 곡식의 역사라고 하면 콩의 원산지가 어디고 어떤 경로를 통해서 맨 먼저 유럽에 있는 독일로 들어갔으며, 거기서 어떤 경로를 거쳐서 다시 미국으로 가게 되었는지 가르쳤어요. 지금은 세계 전체 콩 농사의 절반 이상을 미국에서 짓는데, 몬산토라는 농약 회사가 유전자 조작한 콩 씨를 만들어 낸다는 것까지 모두 가르쳤어요. 콩은 우리나라하고 만주가 원산지예요. 그리고 벼를 어떻게 우리가 길렀나, 보리는 어떻게 기르게 되었나 하는 것들을 가르쳤고, 곡식의 역사와 의복의 역사를 가르쳤지요. 우리가 원시시대부터 어떻게 옷을 지어 입게 됐는지, 바늘은 언제 나타났고 그 바늘 가운데서 원시적인 바늘은 어떤 것이 있는지, 이런 것들까지 가르쳤습니다. 또 집짓기의 역사도 가르쳤습니다. 애들도 재미있어 하고 가르치는 선생님들도 재미있어 하고 그랬었는데, 나중에 극성스런 부모님들이 계셔서 그렇게 가르치는 것을 못하게 됐어요.

여기 변산공동체에 학생을 보내는 어머니 한 분이 역사 선생님이셨는데, 건강이 나빠져서 학교를 잠시 쉬고 있었어요. 그분이 역사는 자기가 가르치겠다고 해서 보니 "태정태세문단세, 예성연중……." 하고, 도서관에 있지도 않은 책인 『산림경제』 같은 책을 누가 썼는지 이런 걸 가르치시더라고요. 아이들이 수업시간에 생전 읽어 볼 일도 없고 읽어 보지도 않을 책들과 왕 이름들을 외우고 있어요. 애들한테 재미있냐고 물었더니 하나도 재미 없다고 그래요. 그래서 제가 선생님한테 "왜 그렇게 가르치세요?" 했더니, 의복의 역사라든지 주곡의 역사라든지 지구 역사 같은 것은 나중에 대학원 과정에서 배워야 할 것이 아니냐고 하세요. 그런데 왕조 이름을 외우는 거나 어떤 책을 누가 썼는가 하는 것은 지금 중·고등학교 과정에서 배워야 한다는 거예요. "왜 그렇습니까?" 했더니 시험에 나오니까 그렇다는 거죠. 답이 아주 단순해요. 시험에 나오기 때문이라는 겁니다.

그리고 처음에는 세 시간만 공부하던 애들을 부모님들이 극성을 부려서 한 시간만 더 늘리자고 해서 한 시간 더 늘려 놨더니 신체 리듬이 흐트러지는 거예요. 여러분들, 학교에서 점심시간 되기 전에 도시락 까먹어 봤던 사람들 있어요? 지금은 급식이니까, 안 되나요? (웃음) 여러분들은 바위라도 소화시킬 만한 나이예요. 우리는 세 시간 공부, 합 때는 열두 시에 전신은 머었어요. 그런데 네 시간 하니까 한 시에 먹게 되잖아요. 배가 요동을 치는 거예요. 머리에 음식 생각만 가득 있는데 들어갈 게 뭐가 있어요. 집중이 안 되는 겁니다. 그래서 일 년 하다가 나중에 때려치웠어요. 다시 세 시간으로 돌렸지요. 세 시간 이상 머리 굴리는 일을 하게 되면 집중력이 현저하게 떨어져요.

여기 기독교 믿는 사람 있어요? 교회를 다니더라도 여러분들 아직 벌이가 없으니까 십일조라는 말만 들었지 십일조를 내고 있는 것은 아니죠? 아니면 용돈에서 십일조를 내나요? 그런데 십일조가 왜 생겼는지 아세요? 십일조는 유대교 전통에서 생긴 거예요. 당시에 랍비라고 하는 정신적인 지도자가 필요했고, 손발 놀려서 일하지 못하는 사람들도 더러 있어요. 그래서 십시일반十匙一飯이라고 열 명이 손발을 놀리고 몸 놀려 일하면서 한 사람을 먹여 살리자고 해서 십일조가 나왔어요.

동양에서도 마찬가지예요. 정전법井田法 알지요? 정전법이 뭐예요? 네모난 밭을 세로로 두 줄 긋고 가로로 두 줄 그으면 아홉 등분이 되죠? 그 가운데 밭의 수확물을 공동 경작해서 손발 놀려 일하기 힘들거나 정신적으로 기댈 만한 분들에게 바치는 제도였어요. 우리 선조들은 육체노동과 정신노동의 균형을 사회적으로 보면 십 대 일에서 구 대 일 정도 돼야 한다고 생각한 거예요. 그것을 한 개인으로 보면 하루가 24시간으로 나눠진다고 쳤을 때, 이 가운데서 십분의 일이나 구분의 일 정도가 우리 정신활동에 주어진 알맞은 시간이라고 생각하면 돼요. 그 이상 머리를 굴리면 머리에 하나도 남질 않아요.

머리가 맑을 때, 집중력이 있을 때 바짝 공부하게 되죠. 그러나 하나만 계속 들여다보면 안 들어와요. 하루에 세 시간 이상 공부하고 자기가 원하는 대학 가는 사람을 별로 못 봤어요. '사당오락' 이라 그러죠. 네 시간 자면 대학 입시 합격하고 다섯 시간 자면 떨어진다고 하는데, 죄다 거짓말이에요. 저도 그렇고 우리 공동체 학교 학생들도 실제로 그렇게 공부 안 했어요. 계속해서 놀고 그랬는데 동기가 생기면 공부를 하게 되죠.

제가 공부를 하게 된 동기가 있어요. 저는 중3 때부터 가출을 했어요. 시험을 앞두고 고등학교 2학년 때까지 걸핏하면 책가방 내던져 놓고 뒷산에 가서 낮잠을 자거나 20리 떨어진 바닷가에 가서 조개를 하루 종일 잡는다거나 무전여행을 하면서 전국 각지를 돌아다녔어요. 그런데 고등학교 2학년이 되니까 교장선생님께서 부르시더라고요. "너 지금 이번 학기에도 2주일 늦게 학교로 돌아왔다. 네 아버지 체면을 봐서 졸업장은 줄 테니 어쨌든 학교는 나오지 마라." 해서 고등학교 2학년 때 학교에서 쫓겨났어요. 제가 가출했다 돌아오면, 제가 "학교 다녀왔습니다." 할 때처럼 아버지께서는 "응 그러냐." 하시고는 아무 말씀도 없으시고 묻지도 않으셔서 그게 그렇게 고마웠어요.

그런데 학교에서 쫓겨나서 집에서 얼쩡거리고 있으니까 어느 날 사진관에 가자고 그러셔요. 사진관에 가서 아버지하고 사진을 찍었는데, 사진 옆에 세로로 네 글자가 한문으로 쓰여 있었어요. 나중에 옥편을 찾아보니까 '마지막 남은 실오라기 한 가닥' 이라는 뜻이었어요. 그걸 보고 아버지가 나에게 그렇게 큰 기대를 가지고 있었구나 생각을 해서 아버지를 위해서 공부하자고 맘을 먹은 거예요. 이것이 제가 공부하게 된 큰 동기죠. 동기가 생겨나니까 집중해서 공부하게 된 거예요.

그런데 내 나이 일흔이 된 지금 생각해 보면, 가출을 했었던 그 시절이 있었기 때문에 내가 어려운 시절을 버텨낸 것 같아요. 내 삶을, 내 시간을 나 스스로 통제할 수 있는 훈련을 그때 쌓은 거예요. 산과 들과 바닷가를 맘대로 뛰어다니면서 내가 맘대로 할 수 있는 그런 힘을 내가 길러낸 것 같아요. 그런데 여러분들이 그런 힘을 기르려고 가출을 한다, 뭐 한다 하게 되면 난리가 나겠죠? (웃음)

서로 돕고 사는 힘이 더 좋은 세상을 만든다

청소년 동기라는 것이 찾아오는 건가요, 아니면 찾아가는 거예요?

윤구병 찾아오기도 하고 찾아가기도 합니다. 그런데 억압된 상황에서는 동기가 안 생긴다고 봐요. 통제 받고 억압된 상황에서는 동기가 생길 수가 없어요. 자유로운 상황에서 자기가 선택할 수 있을 때에라야 생겨납니다.

청소년 전 동기가 너무 많아요. 엄마 아빠가 어릴 때부터 이것저것 많이 시켜 주셨거든요. 저는 커서도 제가 찾아서 다니고 그러니까 이것도 좋고 저것도 좋고 다 좋은 거예요. 다 조금씩 조금씩 하고 그러니까 뭔가 하나 딱 정해서 미래에 하고 싶은 것이 한 가지가 아니에요. 너무 많아요.

윤구병 이것도 하고 싶고 저것도 하고 싶고 그건 더 좋은 거죠. 다 하면 되잖아요.

청소년 혹시 대학에서 철학 교수 하신 것에 대해서 후회하신 적이 있나요?

윤구병 저는 대학교수 일이 나중에 지긋지긋했어요. 15년 하다가 대학교 정교수로 한 5년 있었는데, 국립대학 정교수가 되면 일주일에 세 강좌 아홉 시간만 수업을 하면 돼요. 그리고 논문을 안 내도 만 65세까지 정년이 보장이 돼요. 그래서 그런 말이 있어요. 거지하고 대학 선생하고 닮은 점이 세 가지다. 하나, 입으로 벌어먹는다. 둘, 노는 시간이 많다. 셋, 한번 든 깡통은 절대로 놓지 않는다. (웃음) 제가 대학 선생 가운데서 깡통을 놓은 유일한 사람이에요. 대학에서 학생들 가르칠 때 저는 불행했어요. 왜냐하면 학생들은 정말 자기에게 절실한 질문이 가득한데도 못 물어봐요. 헛똑똑이들도 있어요. "우리 사담私談 말고 진도 나갑시다." 하는 헛똑똑이들. 여러분들 친구 중에는 없었나요? 그런 똑똑이들이 말문을 막아 버려요. 그러니까 다른 학생들이 질문을 하고 싶어도 절실한 문제에 대해서 질문을 못해요.

멍청히게 무슨 질문을 하나 히면요, "플라톤은 몇 년에 태어나서 몇 년에 죽었어요?" 그걸 질문이라고 하고 있어요.

그리고 질문이 없고 물어도 묵묵부답이니까, 제 스스로 질문서를 만들어 스스로 대답하는 수밖에 없어요. 모든 교육은 묻고 대답하는 대화로 이루어져야 해요. 그런데 대화가 단절이 되고 그 기간이 15년 이나 이어져 왔어요. 질문 없는 대답과 대답 없는 질문이 15년 동안 평행선을 그었다고 생각을 해 보세요. 아무리 밥 벌어먹는 것이 중요 하지만 재미가 있겠느냐고요. 행복하겠냐고요. 그래서 때려치운 거 예요. 제가 지금 여기 변산에 와서 농사지은 세월이 16년인데 제가 풀은 공동체에서 제일 잘 매요. 풀매도사예요. 이렇게 16년 동안 지내면서 한 번도 후회를 해 본 적이 없어요. 악몽을 꾸면 내가 꼭 대학 에 가 있는 꿈을 꿔요. (웃음)

청소년 농사를 짓고 변산공동체를 시작하신 특별한 이유가 있으십 니까?

윤구병 저는 '교육의 효과라는 것이 40년이나 50년 후에도 나타나는 구나.'라는 생각을 가끔 합니다. 우리 아버지가 저를 농사꾼으로 만 들려고 단단히 결심을 하셨거든요. 그런데 제가 외도를 계속했잖습 니까? 대학 선생도 하고 잡지 편집자도 하는 외도를 계속했는데, 그 교육의 효과가 제 경우에는 40년이나 50년 후에 나타난 경우예요. 아 버지가 저를 농사꾼을 만들겠다고 해서 어린 시절부터 저는 모도 심고, 김도 매고 그리고 어머니 따라다니면서 쑥도 캤어요. 저는 워낙에 어렸을 때부터 공동체의 품에서 자라났고 그리고 실제로 다시 귀농을 해서 공동체를 일구면서 공동체 품 안에서 살고 있습니다. 그러다 보니 저에게 영향을 준 부모님 생각도 간절합니다. 제가 듣기로는 아버지가 일제시대에 전라남도 함평군 밤골이라는 곳에서 공동체를 꾸렸다는데, 지금 큰조카가 간직하고 있는 사진을 보니까 그런 흔적들이 더러 보이더라고요.

시골에서는 서로 함께 돕지 않으면, 품앗이를 하지 않으면 살 수가 없어요. 품이라는 것이 가정의 품도 있고, 세상의 품도 있고, 사회의 품도 있지만 서로 품을 주고받는 일품이 있거든요. 그렇기 때문에 시골에서는 서로 일품을 주고받지 않으면 살 길이 없습니다.

여러분들 혹시 모 심어 본 사람 있어요? (청소년 : 예.) 대단하네요. 모줄 띄워서 모를 심으면 꼭 잘 심는 사람 옆에 못 심는 사람, 못 심는 사람 옆에 잘 심는 사람 붙여서 잘 심는 사람이 한 여남은 개 심으면 못 심는 사람은 한두 개 꽂고 그러거든요. 능력 위주 사회에서는 모를 못 심는 사람은 도태가 돼야지요. 그런데 안 그래요. 함께 살아갑니다. 도리깨질은 모르죠? 도리깨라는 것은 보리를 터는 농기구예요. 보리나 밀을 터는 데에 주로 쓰이는데 도리깨질을 하는데도 한 가운데다가 보리 무더기를 모아놓고 돌아가면서 도리깨질을 합니다. 한 사람 한 사람을 얼마나 잘하느냐로 능력별로 평가하자면 어떤 사람은 삽시간에 수북이 턴 걸 쌓아 놓고, 어떤 사람은 계속해서 털어도 사실 조금밖에 못 털어요. 그런데 그것이 드러나지 않도록 돌아가면서 히면 잘하지 못하는 사람도 잘하는 사람도 드러나지 않거든요. 이렇게 함께 사는 상생 공존의 방법을 마을 공동체에서는 굉장히 다양하게 개발해 놓았습니다. 그리고 이것을 전수시켜 왔습니다.

저는 사람은 서로 도우면서 살지 않으면 살 수 없는 생명체로 태어났으니까 품을 서로 주고받아야 한다고 생각해요. 품을 산다, 품을 판다는 말도 있고, 품앗이라는 말도 있고, 엄마 품 아빠 품이라는 말도 있지만 이 품이라는 것은 실제로 울타리 안에 갇혀 있어서는 안 되고, 더 넓은 품으로 품들이 확산돼야 한다고 생각해요. 그래서 서로 돕고 사는 힘들이 더 확산되면 확산될수록 좋은 세상이 온다고 생각합니다.

손발을 부지런히 놀려라

청소년 선생님, 먹고살 것 걱정하는 것은 어떻게 생각하세요?

윤구병 다 걱정하고 있잖아요. (웃음)

청소년 엄마가 친구 분들 얘기 들어 보면 딸들을 열심히 과외 시켜서 좋은 대학 보내야 좋은 남자친구 사귀어서 결혼도 잘 한다는 식으로 얘길 하더래요. 그래서 엄마가 "우리만 너무 아무 생각 없이 그냥 사는 거 아닌가? 우리가 이상한 건가?" 하고 말씀하시고 그러세요.

윤구병 아까도 열에 한 사람, 아홉에 한 사람은 정신노동에 종사하는 것이 필요하다고 얘기했지요. 그런데 지금은 도시화가 급진전되면서 열에 아홉이 머리 굴려서 먹고 살려고 그러잖아요. 손발 놀려서 일해서 먹고 살 생각을 가진 사람이 없잖아요. 그런데 열에 아홉이 머리 굴려서 우리가 살 수 있는 길이 있다면 좋죠. 그런데 그런 길이 없어요.

제가 예언을 할게요. 앞으로의 세상은 여기에 있는 청소년들이 나이가 스물다섯 살 되기 이전에 시골에 와서 반수 이상이 농사를 지어야만 돼요. 지금은 제가 이 마을에서 제일 젊은 사람 축에 속해요. 그런데 우리는 노동력을 상실한단 말이죠. 지금은 엎드려 일하고 논에서 모를 심고 있지만, 노동력을 상실하게 되면 외국에서 식량을 갖다 먹을 수 있을 것 같나요? 이제는 안 돼요. 중국과 인도가 시장경제 쪽으로 접어들고 농촌 인력이 전부 도시로 나가게 되면서 전부 식량 수출국에서 수입국으로 바뀌고 있어요. 그런데 이건 블랙홀입니다. 세계 식량을 다 빨아들일 거예요. 그러면 우리나라에 올 식량이 없어요. 그런데 우리나라는 지금, 물론 가축 사료까지 합해서지만 주곡 자급률이 25퍼센트 미만이에요. 게다가 보리나 콩 같은 잡곡은 5퍼센트 미만입니다.

이렇게 자급률이 떨어져서는 실제로 독립국 행세를 할 수 있나요? 못해요. 우리가 다른 무기는 견딜 수 있어요. 그러나 식량 무기는 견딜 수가 없습니다. 처자식 있고 노부모 있는데 '니네들 굶어 죽을래, 내 말 들을래?' 이러면서 식량으로 협박을 하게 되면 대항할 길이 없이요. 그러면 어떻게 해야 할까요? 우리의 시량 지금 경제를 다시 되살려야 합니다. 그런데 도시에서는 여러분들을 머리만 굴리도록 여덟 시간 혹은 열 시간 그 이상으로 자율 학습, 보충 학습이니 해서 딱딱하게 책상에만 앉혀 놓으니까 여러분들 절반쯤이 강시나 좀비가 돼 있어요. 그 몸으로 어떻게 농사를 지을 거냐고요? 농사 못 지어요. 우선 손발이 뻣뻣해서 움직이질 않아요.

그래서 저는 여러분들에게, 여러분 어머니들한테 "학교를 점령해라! 그래서 하루에 세 시간 이상 책상머리에 붙들어 놓는 그런 교육을 못하게 해라!"라고 이야기하는 겁니다. 공부하고 싶으면 도서관에서 자기 읽고 싶은 책 읽게 하고 풍물이나 탈춤 같은 것들은 마을 안에서는 시끄러워서 못하니까 학교에서 가르치고 몸 놀리고 손발 놀리는 것을 그냥 자연스럽게 하도록 하라는 거예요. 그리고 운동장 절반쯤 해서 학교 텃밭 만들어서 호기심 많은 애들 많으니까 뭐든지 길러 보도록 하라는 겁니다. 그런데 사람들이 그런 일깨움을 쉽게 갖기 힘들어요.

얼마 안 있으면 곧 도시에는 물질에너지 상태가 교란이 와요. 지금 도시에서는 90퍼센트 이상을 물질에너지에 의존하고 있는데 교란이 오면 그때는 이제 다 시골로 올 수밖에 없어요. 단전이 되면 단수가 되죠. 다른 것은 견딜 수 있어도 단수가 되면 사흘을 못 견딥니다. 더구나 고층 빌딩에 있는 사람들은 똥오줌 어떡할 거예요? 그리고 밥은 해 먹을 수 있나요? 못해요. 그때가 되면 사방에서 시골에 와서 "재워 주십시오, 먹여 주십시오." 할 거라고요. 그런데 언제 봤다고 그 사람들을 먹여 주고 재워 줍니까? 우리도 먹을 것이 없는데요. 그러면 칼 들이밀고 총 들이밀어 "내놔." 그럴 거 아닙니까? 그래서 일본에서 어떤 비관적인 학자는 농사꾼들에게 마를 심자고 애긴 했더라고요. 마를 심어서 줄기를 싹 베어 버리면 도시 사람들이 아무리 찾아도 그것을 못 찾아낼 거라고요. 그렇게 해서 연명을 하라는 충고를 할 만큼 상황이 어려워지고 있어요.

여러분들이 방학 때나 틈나는 대로 변산공동체에 와서 일손을 돕고 가게 되면 자연스럽게 농사짓는 법을 배우게 됩니다. 그리고 여러 번 찾아온 이런 친구들이 어떻게 해서든 같이 농사짓고 살겠다고 하면 내칠 수가 있나요? 못 내치죠. 정이 있는데.

이제 여러분들이 앞으로 몸 놀리고 손발 놀리는 것을 부지런히 새로 익혀야 해요. 여기 공동체 다니는 학교 학생들이 서른셋이었어요. 초등학교 과정 열둘은 빼고 중·고등학교 과정에 다니는 학생만요. 전부 무상교육이에요. 학비뿐만 아니라 등록금이나 기숙사비도 안 받아요. 이렇게 하다 보니 많이 받아줄 수가 없어요. 보리출판사에서 뒷받침하는 얼마 안 되는 재원으로 굴러가고 있는데 한계가 있으니까요. 중학교 1학년 다섯 명, 2학년 다섯 명, 3학년 다섯 명 고등학교도 이렇게 다섯 명 씩만 받아서 서른 명만 받자고 했는데, 부모들이 하도 부탁을 해서 세 명을 더 받아들였어요. 내년엔 두 명이 졸업하기 때문에 두 명만 더 받아줄 수가 있어요. 여러분들이 여기 학생으로 오고 싶어 하더라도 여러분들은 중산층 이상이기 때문에 올 길이 없어요. 도시에서 가난한 사람들 그리고 농사짓는 사람들 자녀를 먼져 받아들이기 때문이에요. 그런데 따 하나 한기누설을 할게요. 가출을 해서 나 농사짓겠다고 버티고 있으면 죽이지도 못하고 살리지도 못하고 그렇다고 교육 안 시킬 수도 없고 하니, 그 길은 딱 하나 있네요. (웃음)

청소년 농사에서 씨앗이 아주 중요하잖아요. 씨앗 문제가 심각하다는 이야기를 들었어요.

윤구병 우리나라에서는 안완식 선생님이 토종 씨앗을 많이 보관하고 계세요. 저도 토종 씨앗을 모으려고 노력을 했는데, 잘 안 됐습니다. 중국 연변은 토종 씨앗이 그대로 유지됐으리라 생각해서 아는 분한테 씨앗을 보내 달라고 했는데, 고추, 오이, 참외 등 한 스무 종을 보내왔어요. 그런데 그중에 다시 씨 뿌려서 거두고 있는 것이 오이 딱 하나이고 나머지는 잘 안 되더군요. 그래서 포기했어요. 그 다음에는 섬으로 돌아다녔어요. 육지는 어차피 과일이나 채소 씨앗의 90퍼센트 이상이 외국 종자잖아요. 토종 씨앗을 모아 보겠다고 섬을 돌아다녔는데 여기하고 토질이 안 맞는 것도 있고 이미 섬에도 개량종이 들어와 버린 것도 있고 해서 잘 안 되었습니다. 우리는 종자 산업을 지금 다 외국에 넘겨줘 버렸잖아요. 하여튼 아주 심각합니다.

청소년 도시에는 물질에너지 상태가 교란이 온다고 하셨는데, 무슨 말씀이신지요?

윤구병　물질에너지는 생명에너지의 대칭 개념입니다. 100년 전까지
만 하더라도 우리는 생체에너지나 생명에너지를 통해서 삶의 문제를
해결했습니다. 그래서 쓰레기가 하나도 나오지 않았어요. 옛날에는
가축의 힘, 사람의 힘으로 전부 농사를 지었잖아요. 수십만 년을 인
류가 그렇게 해서 살아남고 지속 가능한 미래를 후손들한테 물려줬
잖아요. 그런데 지금 제가 보면 이 당대가 후손들에게 남겨 줘야 할
깨끗한 물, 깨끗한 공기, 깨끗한 땅을 다 말아먹고 후손들한테는 아
무것도 제대로 된 것을 남겨 주지 않으려고 결심한 것 같아요.

　핵발전소 같은 것도 그런 거죠. 핵폐기물 이걸 수십만 년간 안전한
상태로 어디에다 보관해야 한다고 하는데, 그게 다 우리 자손들이 책
임져야 될 것들이죠. 1차대전이나 2차대전은 국경을 사이에 두고 식
민지 쟁탈전의 형태로 전쟁이 벌어졌어요. 마찬가지로 지금 제일 전
쟁 가능성이 큰 것이 중국하고 미국하고 맞붙는다는 것인데, 그러면
대량살상 무기나 핵무기를 비롯해서 화생방 무기들이 까마귀 떼처럼
국경을 사이에 두고 날아다닐 수밖에 없어요. 그러면 인류뿐만 아니
라 생명체 전체가 전멸해 버릴 수밖에 없어요.

　어쨌든 다른 꿈 꾸지 말고 몸 놀리고 손 놀리는 꿈 열심히 꾸라고
요. 어차피 여러분들이 맞이할 세상에서는 머리 쓸 일이 절반 이상은
없어요. 아무리 좋은 머리를 가져도 소용없어요. 쓸 일이 없어요. 앞
으로는 몸 부지런히 놀리고 손발 열심히 놀리는 사람이 큰 대접을 받
는 세상이 올 거예요.

틀 밖으로, 더 넓은 품으로

이현주
목사·작가

엄마 배 속에 있는 열 달 동안 우리의 생명 줄은 엄마와 연결된 탯줄이었어요. 그게 끊어지면
살 수가 없죠. 탯줄은 우리를 엄마 배 속에서 살아 있게 하는 한 가닥 줄이었던 겁니다. 그런데
나올 때가 되어서 산파 선생님이 탯줄을 끊고, 엄마가 나를 '품'에 안아 줍니다. 비로소 나는 엄
마 젖을 빨면서 엄마의 사랑을 느끼게 됩니다. 엄마의 배 속이라는 낡은 품에서 나와서 엄마의
가슴이라는 새로운 품에 안기는 거죠.

이현주

1944년 충주에서 태어나 감리교신학대학교를 졸업했다. 감리교신학대학교에서 윤성범, 유동식, 변선환 교수에게 신학과 인생을 배웠으며, 무위당 장일순 선생과 세상 살아가는 이야기를 나누면서 15년간 교우하였다. 1964년 조선일보에 동화가 당선되어 문단에 나왔다. 쓴 책으로 『예수에게 도를 묻다』, 『예수와 만난 사람들』, 번역서로 『예수』, 『예언자들』, 『민중의 복음』, 『흔들리는 세대의 성인들』, 시집으로 『뿌리가 나무에게』 등이 있다.

틀 밖으로, 더 넓은 품으로

오늘 이야기의 주제는 '품' 입니다. '품' 이라고 하면 무엇이 먼저 생각나나요? (청소년 : "저는 엄마가 생각나요.") 엄마? 그래요. 엄마가 가장 먼저 떠올랐군요.

발달장애우와 그들을 돕는 사람들이 함께 사는 공동체 라르슈를 설립한 장 바니에라는 분이 있어요. 이분은 크리스마스를, 예수님이 엄마 품에 안기기 위하여 엄마 몸에서 분리되어 나온 사건이라고 인상 깊게 설명하고 있어요.

우리의 마지막 목표는 틀 밖으로 나가는 것

우리도 상상력을 발휘해 보면, 우리가 태어나기 전까지 엄마 배 속에서 한 열 달쯤, 아주 푹신푹신하고 너무나 보들보들하고 따뜻하고 먹을 것 걱정 하나 없는, 심지어 숨조차 안 쉬어도 되는 그렇게 편안하게 살던 시기가 있었어요. 엄마 배 속에서 우리는 엄마와 한 몸이고 하나였던 거예요. 엄마 가는 데 가고, 엄마 먹는 것 먹고, 엄마가 깜짝 놀라면 따라서 깜짝 놀라는 완전히 한 몸이었던 것이지요.

엄마 배 속에 있는 열 달 동안 우리의 생명 줄은 엄마와 연결된 탯줄이었어요. 그게 끊어지면 살 수가 없죠. 탯줄은 우리를 엄마 배 속에서 살아 있게 하는 한 가닥 줄이었던 겁니다. 그런데 나올 때가 되어서 산파 선생님이 탯줄을 끊고, 엄마가 나를 '품'에 안아 주면, 비로소 나는 엄마 젖을 빨면서 엄마의 사랑을 느끼게 됩니다. 엄마의 배 속이라는 낡은 품에서 나와 엄마의 가슴이라는 새로운 품에 안기는 거죠.

품에 안기는 것은 안아 주는 쪽과 안기는 쪽의 두 몸이 있어야 해요. 그래서 우리는 엄마 배 속에서 분리되어 나와 엄마 품에 안긴 겁니다. 그러니까 우리 생일은 우리가 엄마 품에 안기기 위하여 엄마 몸에서 떨어져 나온 날이에요. 엄마 몸에서 떨어져 나온다는 것은 죽음을 의미하는데, 죽어서 새로운 삶을 시작한 날, 이것이 바로 우리의 생일입니다.

품이라고 할 때 우리는 이렇게 엄마가 안아 주는 것을 떠올리게 됩니다. 품 밖으로 내쫓는다고 하면 비참하고, 품에 안아 준다고 하면 왠지 따뜻한 느낌이 들죠? 이렇게 우리는 품속에서 살게 되어 있어요.

여기에서 한 가지 연결시켜 생각하고 싶은 것이 종교입니다. 나는 종교를 하나의 품이라고 생각해요. 기독교에서는 그리스도의 가르침이라는 품에 들어가 안기고, 불교에서는 붓다의 가르침이라는 품에 들어가 안기는 거죠.

달걀을 생각해 볼까요? 달걀의 생명은 그 안의 씨눈입니다. 달걀이라는 틀은 하나의 품이고 집이에요. 이 틀 속에 씨눈이 고요히 안겨 있고, 틀은 씨눈을 품고 있는데, 씨눈이 그 안에 있는 이유는 언젠가 밖으로 나오기 위해서예요. 이게 밖으로 나오지 않는다면 달걀로 존재할 이유가 없는 겁니다. 그렇죠? 달걀 껍질을 하나의 틀, 고치, 종교라고 한다면 그 안에 우리가 지금 안겨 있는 거예요. 그렇다면 우리의 마지막 목표는 바로 그 틀 밖으로 나가는 거지요. 기독교 신자의 존재 이유와 목적이 기독교라는 종교의 틀 밖으로 나가는 데 있다는 겁니다. 더 이상 기독교인이 아닌 존재로 살게 되는 것이란 말이죠. 얘기가 좀 어렵나요? (웃음) 달걀 껍질이 깨지지 않으면 달걀이 뭐하러 존재합니까? 프라이해 먹으려고 해도 깨져야 되죠? 때가 되면 깨져야 합니다.

여러분, 『데미안』이라는 헤르만 헤세의 소설 읽어 보셨죠? 알 껍질을 깨고 새가 밖으로 나간다는 의미가 문학적으로 잘 그려져 있는 작품이죠. 알 껍질을 깨고 밖으로 나가는 것이 바로 인간의 삶이고, 그 삶의 길을 잘 가르쳐 주는 것이 종교라고 나는 생각해요.

우리가 어떤 틀에 안겨 있다면 그 틀 밖으로 벗어나기 위해서 지금 그 틀 속에 있는 겁니다. 엄마 배 속에서 열 달 동안 있은 다음에는 나와야 되잖아요. 계속 그 안에 있으면 엄마도 죽고 나도 죽어요. 그렇죠? 때가 되면 틀 밖으로 나가야 합니다. 기독교, 불교, 회교 모두 그래요. 그 안에서 가르침을 받아 충분히 성숙해진 다음에는 껍질 속에 갇혀 있어서는 안됩니다. 때가 되면 틀에서 나와 더 넓은 품으로 들어가야 해요.

알에서 나온 애벌레는 자라서 뭘 만들지요? 고치를 만들죠. 애벌레는 몸에서 실을 내어 스스로 집을 짓습니다. 그러고는 좁은 고치 안에서 겨울을 나고, 때가 되면 거기에 구멍을 뚫고 나와 이전 모습과는 너무나 다른 모습의 나비가 되어 날아가는 거예요. 그래서 품은 소중한 겁니다. 언젠가 그 품을 벗어나야 하고, 벗어나기 전까지 그 품을 떠나면 안 되기 때문이죠.

닭이 달걀을 품은 지 21일 만에 병아리가 되는 것은 알고 있죠? 그런데 급하다고 한 보름 만에 병아리가 나오면 죽습니다. 정확하게 때가 됐을 때 그때 껍질을 깨고 나와야 해요. 그래서 엄마 닭은 알을 21일 동안 품어 주는 거예요.

기독교인에게는 예수님의 가르침이 하나의 품이라고 할 수 있어요. 그 품 안에서 당신의 가르침이 더 이상 필요 없어질 때까지 우리를 성숙시키고자 이 땅에 오신 분이 예수님이라고 나는 생각합니다. 그러므로 기독교 신자가 이 땅에 사는 동안 해야 하는 일은 하나밖에 없어요. 바로 그리스도의 가르침을 먹는 겁니다.

가르침을 먹는다는 말은 무슨 뜻일까요? 자, 여기 있는 이 연꽃차를 한번 먹어 볼게요. 내가 마시기 전에는 차는 차고 나는 납니다. 그렇죠? 그런데 내가 마시는 순간 무슨 사건이 벌어졌나요? 차는 안 보이고 나라는 인간만 보이죠? 내가 마시는 순간 이 차는 내 몸이 되고 말았어요. 이렇게, 먹는다는 것은 먹는 자와 먹히는 자가 하나로 되는 것입니다. 내가 고구마를 먹는다고 할 때, 먹기 전에는 고구마는 고구마고 나는 나예요. 그런데 내가 꿀꺽 삼키는 순간 고구마는 내 몸이 되고 맙니다.

우리 조상님들이 가르쳐 주신 바에 의하면, 콩 한 알 속에 하늘과 땅과 사람, 즉 천지인天地人 모두가 들어 있다고 해요. 맞는 말입니다. 하늘에서 햇빛이 안 내려오고 비가 안 오면 콩이 못 자라죠? 땅에서 땅 기운과 영양분을 빨아들이지 못하면 콩이 못 자라죠? 게다가 농부들이 땀 흘려 수고하지 않으면 그 콩은 자라지 못합니다. 이렇게 콩 한 알 속에는 천지인 모두 들어 있는데, 그걸 우리가 먹는 거예요. 천지인 모두가 들어 있는 콩 한 알을 먹음으로써 우주와 내가 하나로 되는 겁니다. 엄청나죠? 이건 논리가 아니라 사실 중에서도 아주 엄정한 사실이에요.

예수님은 죽기 전날 제자들과 마지막 식사를 할 때, 제자들에게 빵을 떼어 주면서 "이게 나다. 내 살이다. 먹어라." 이렇게 말씀하셨지요. 그날 식사를 위해서 따로 음식을 만든 것이 아니라 평소에 늘 먹고 마시는 포도주와 빵이었어요. 그게 우주의 몸이라는 얘깁니다. 예수가 우주이고 우리는 그 우주의 한 부분이라는 말이지요. 예수의 살을 먹음으로써 우리가 그와 하나가 된다는 말씀인 겁니다. 이런 진실을 인류에게 일깨워 주고 싶어서 오신 분이 예수이고 석가예요.

만약 내가 불교인이라면 내가 해야 할 일은 부처님의 가르침을 먹고 하나부터 열까지 그 가르침대로 사는 거예요. 기독교 신자라면 예수 그리스도의 가르침을 실천함으로써 그것과 내가 하나가 되는 겁니다. 그렇게 하다 보면 어느 날 더 이상 부처의 가르침이 필요 없게 되고, 더 이상 예수의 가르침을 들을 필요가 없게 돼요. 왜냐하면 바야흐로 내가 부처이고 예수니까요. 그렇게 되면 종교인이라는 찌지가 저절로 떨어지겠죠. 나는 이렇게 생각하고 그날이 나한테 오든 안 오든 상관없이 그날을 향해 걸어가는 것이 내 인생이라고 생각합니다.

어떤 질문을 품고 사느냐가 그 사람의 인생을 결정한다

자, '종교'라는 말을 한번 볼까요? 종교는 '마루 종宗'과 '가르칠 교敎'가 합쳐져서 만들어진 한자어입니다. '교'는 가르친다는 뜻이에요. 그런데 가르침이 있으려면 가르치는 사람과 배우는 사람 이 두 존재가 반드시 필요하겠죠? 누가 먼저일까요? 배우는 사람이 먼저예요. 배우는 사람이 있으니까 가르치는 사람이 있는 겁니다. 가르치는 사람이 있어서 배우는 사람이 있는 게 아니에요. 아픈 사람이 있으니까 의사가 있는 겁니다. 배우는 학생이 있어서 가르치는 선생이 존재하는 것이란 말이에요.

기독교에서는 죄인이 있으니까 그리스도가 있고, 불교에서는 번뇌가 있으니까 열반이 있는 거죠. 그러니까 학생이 먼저예요. '학생이 준비되면 선생이 나타난다'는 격언이 있습니다. 나는 그 말이 참 맞는 말이라고 생각해요. 이 말을 뒤집으면, 학생이 준비되어 있지 않으면 옆집에 공자님이 살아도 아무 소용이 없다는 말이지요.

배우려는 사람이 학생인데, 이 학생에 조건이 있어요. 우선, 몰라야 합니다. 공자님과 소크라테스 둘이 협력을 해서 가르치려고 해도 못 가르치는 사람이 있어요. 이는 사람은 못 가르칩니다. 스승이 무슨 얘기를 할지 다 안다는데 뭘 가르칠 수 있겠어요? 가득 차 있는 그릇에는 아무것도 부어 넣을 수 없잖아요. 다음 조건은 자기가 모른다는 사실을 인정하고 그걸 아는 겁니다. 그래서 '아, 내가 모르니까 배워야 하겠다.'는 마음을 품는 거죠. 이게 바로 '학생이 준비되면'이라는 말의 뜻이에요.

이렇게 학생이 준비되면 때맞춰 선생이 그를 가르치러 옵니다. 이때 비로소 스승과 제자의 관계가 성립되고, 두 사람 사이에서 가르침과 배움이 이루어지지요. 이 세상에는 수많은 가르침들이 있는데, 그중에 종교가 있습니다. 종교의 첫 글자 '마루 종宗'을 풀어 볼까요? 마루는 가장 높은 데를 의미해요. 동시에 바닥, 근본이라는 의미도 있어요. 가장 높은 것과 가장 낮은 것이라는 상반된 의미가 모두 들어 있는 거죠. 따라서 '종교'라는 말에는 사람들이 배우고 가르치는 수많은 가르침들 가운데 가장 높으면서 가장 근본적인 가르침이라는 뜻이 담겨 있습니다.

학생이 선생의 가르침을 받고 배우면서 선생의 수준까지 올라가 선생처럼 되면, 학생은 그때 품에서 벗어나는 거예요. 그러면 조금 더 수준 높은 선생이 오고, 그 선생한테 또 배웁니다. 가장 높은 선생을 만날 때까지 말이죠.

기독교에서 가장 높은 스승은 예수 그리스도, 불교에서는 석가모니 붓다라고 할 수 있어요. 그런 스승을 우리는 마지막 스승이라고 말하고, 그 스승과 만나는 것이 모든 종교인의 마지막 걸음이라고 생각해요. 그래서 마지막 스승에게 직접 듣고 배우고 마침내 그분처럼 되면 그게 종교의 틀을 벗어나는 과정이라고 생각합니다.

우선 중요한 것은 '나는 모르니까 배우겠다.'는 마음 자세입니다. '뭔가 진리가 있을 텐데 나는 아직 진리를 모른다. 내가 이 세상에 왜 태어났는가? 왜 내가 이런 경험들을 하고 살아야 하는가? 도대체 이건 무슨 의미인가? 여기서 나는 어떻게 이 삶을 헤쳐 나가야 하는가? 내가 여기서 뭘 배워야 하는가?'이런 생각으로 질문을 하고 배우는 사람이 바로 학생입니다.

그럴 때 거기에 맞는 답을 주는 선생이 마침 기다렸다는 듯이 와서 그걸 가르쳐 줘요. 그러니까 중간 과정에서 많은 선생들을 지난 다음에 맨 마지막 선생을 만나게 되는 거예요. 우리가 지리산 천왕봉에 오르려면 여러 봉우리들을 지나야 하잖아요? 그렇게 수많은 선생들을 거쳐서 마지막 선생한테로 가는 길이 종교입니다.

그리고 학생 입장에서 볼 때 어떤 때는 스승의 가르침이 이 시대에 도무지 현실성이 없는 것처럼 보인다고 하더라도 스승이 그렇게 말씀하시니까, 그렇다면 나 스스로 혼자 한번 그렇게 해 보겠다고 마음먹고 그 길을 가는 것이 학생의 길이고 종교인의 길이라고 생각합니다. 그렇게 해서 스승의 품 안에 충분히 머물러 내가 성숙해지면, 언젠가는 그 품을 벗어나 상상도 할 수 없이 넓은 세상을 향해 문을 열고 나가는 순간을 우리가 맞을 수 있지 않겠는가, 그것이 모든 종교인에게 주어진 운명이고 그 길을 가라고 하는 것이 스승들의 가르침이라고 나는 생각합니다.

사람이 살면서 어떤 답을 얻느냐도 중요하기만 무엇을 질문하느냐가 훨씬 중요합니다. 비밀이라는 것이 감춰져 있을 때 힘이 있다가 밝혀지면 힘이 없어지는 것처럼, 답이라고 하는 것은 알고 나면 사실 별것 아니거든요. 그래서 답을 찾아가는 과정이 의미가 있고, 어떤 질문을 가슴에 품고 사느냐가 그 사람 인생의 질을 결정한다고 나는 생각해요. 그런 의미에서 여기에 있는 학생들이 평생 붙들고 씨름할 만한 질문을 가슴에 하나씩 안고 살았으면 하는 바람입니다.

자, 이쯤 내 속에 있는 생각을 대강 털어놨네요. 지금부터는 여러분들과 얘기를 주고받았으면 합니다. 현실적인 얘기도 좋고, 종교라는 테마를 놓고 고민하거나 궁금한 것들을 질문하면 아는 대로 답해 보겠습니다.

틀 속에서 충분히 성숙해져야 한다

청소년 틀에서 벗어나야 한다고 말씀하셨는데요, 문학을 하는 사람이 틀에서 벗어난다는 것은 어떤 의미일까요?

이현주 내가 내 맘대로 틀에서 벗어나는 게 아니에요. 때가 되면 저절로 벗어나게 됩니다. 일부러 벗어나려고 애쓸 것은 없어요. 그 안에서 충분히 성숙해지는 것이 중요합니다.

문학을 삶의 동기로, 목표로 삼는다면 문학을 통해서 무엇을 추구

하느냐가 중요합니다. 어떤 사람이 어떤 소설을 썼느냐보다 그 사람이 그 소설을 통해서 무슨 얘기를 하려고 했나, 어떤 가치를 추구했느냐가 훨씬 중요하다고 생각해요. 누가 고흐에게 "당신 왜 그림을 그립니까? 팔리지도 않는 그림을." 이렇게 물었을 때, 고흐는 "나는 인간의 아픔과 고뇌를 표현하고 싶다. 내 속에 인간의 아픔과 고뇌가 있다. 그것을 보여주고 드러내고 싶다."고 했어요.

어떤 모양의 그림으로 나타나느냐는 사람에 따라서 달라질 수 있어요. 세잔한테선 세잔의 그림이 나오고 피카소한테서는 피카소의 그림이 나오겠지. 화가는 내가 그림을 왜 그리는가, 작가는 내가 소설을 왜 쓰는가 하는 문제로 씨름하다 보면 어느 날 '아, 더 이상 글 한 줄 안 써도 되겠다. 내가 이 땅에 와서 할 말은 충분히 다했다.'고 생각될 때가 올 수도 있겠고, 또 안 오면 어떻습니까? 상관없어요. 그날을 향해서 매일매일 할 수 있는 대로 충분히 성숙해 가는 길을 걸으면 그걸로 충분하다고 봐요.

어떤 공을 이루었느냐가 사람을 평가하는 절대 기준이 아닙니다. 속지 마세요. 세상은 그가 무엇을 이루었는가, 결과물이 무엇인가로 사람을 평가하고 있어요. 어떻게 시험 점수를 가지고 그 학생이 얼마나 공부했느냐를 평가할 수 있나요? 제각각 두뇌 구조가 다르고, 감수성이 다른데 말이에요. 한번 들으면 잊지 않는 머리가 있고, 열 번 들어도 열 번 까먹는 머리가 있잖아요? (웃음) 그런데 똑같은 시험지로 똑같은 시간에 시험을 쳐서 나온 점수를 가지고, 누구는 우등생이고 누구는 열등생이라며 사람을 평가한단 말이죠. 이게 말이 됩니까?

세상이 우리를 그렇게 훈련시키고 있어요. 우리는 다른 각도로, 다른 가치로 봐야 합니다.

　내가 스승으로 모시던 선생님이 내 고향인 충주에 오신 적이 있습니다. 하룻밤을 같이 잔 뒤에 어디 소풍 갈 데 있으면 가자고 하셔서 충렬사로 모셨어요. 충렬사는 임경업 장군 사당이 있는 곳이지요. 선생님이 문득 나보고 참 좋은 고장에서 태어났다고 하시더군요. 나는 깜짝 놀랐어요. 충주에 대한 선입견이 있었거든요. 충주는 별로 재미없는 곳이라는 고정관념이 있었는데, 그건 내가 대학생 때 읽은 『택리지』에 나온 내용 때문이었죠. 그 책에 충주는 사람 살 만한 곳이 아니며, 기가 빠져나가는 지형이라서 인물도 나지 못하고, 나더라도 중간에 사그라지고 만다고 그랬어요. 그래서 나는 오랫동안 그렇게 생각해 왔던 겁니다. 그런데 선생님이 나보고 참 좋은 고장에서 태어났다고 엉뚱한 말씀을 하시는 거예요. 충주 출신 임경업은 청나라가 신흥하고 명나라가 망해 가는 대륙의 상황에서 어느 편을 들어야 할지 난감했던 조선을 어떻게라도 지켜 보겠다고 동분서주하며 뛰어다니다가 아무 공도 이루지 못하고 중간에 반역죄의 누명을 쓰고 고문당하다 죽은, 말하자면 비운의 장군입니다. 그런데 선생님은 임경업이 장군으로서 뚜렷한 공도 없이 죽은 사람이지만 나라를 구하겠다는 일념으로 한결같이 자기 길을 갔으니 훌륭한 사람이란 말씀이었어요. 한 인물의 가치를 그가 이룬 공적에서 보지 않고, 그가 어떤 꿈과 목적으로 일생을 살았느냐 하는 점에서 본 겁니다.

　문학, 예술, 종교 이 모든 방면에서 정점에 이르렀던 선배들을 보세요. 당시 사람들이 보던 것과 전혀 다르게 세상을 봤잖아요. 우리 모두에게 그 씨가 있어요. 그걸 제대로 키워서 열매 맺을 수 있도록 도와주는 것이 진짜 교육이라고 나는 생각합니다.

청소년 만약에 자신이 머무는 틀과 품을 모두 벗어나서 가장 높은 경지에 도달한다면, 그래서 더 이상 할 것이 없다면 살아야 할 의미가 없다고 생각하는데, 이 부분에 대해서 선생님은 어떻게 생각하시나요?

이현주 무슨 말인지는 알겠어요. 그런데 지금 학생은 그런 걸 생각할 계제가 아니에요. 아직 멀었어요. 그렇게 되면 어떻게 될 것인가는, 그렇게 되면 알겠죠. 지금 학생은 그 걱정할 때가 아니에요. 열심히 공부할 땝니다. 현재 읽고 있는 책, 듣고 있는 음악, 자신이 만나는 사람들과의 경험, 이 모든 것이 학생의 선생이에요. 그것들이 나에게 무엇을 가르치는지를 잘 보고, 그 가르침을 열심히 내 것으로 받아들이고 소화하세요. 지금은 알 속에서 노른자와 흰자를 먹어야 할 때입니다.

청소년 사람이 엄마 배 속에서 나올 때 한 번 죽고 다시 태어나는 거라고 하셨는데, 그런데 사람들은 실제로 다 죽잖아요? 그렇다면 그때 죽는 것도 다시 태어나기 위해 죽는 건가요? 죽고 나서 또 다른 뭐가 있나요?

이현주 나는 그렇다고 봐요. 뭔지는 모르지만 있다고 봅니다. 내가 엄마 배 속에 있을 때를 생각해 보면, 거기가 다인 줄 알았죠. 나와 보니까 전혀 다른 세상이 있잖아요? 마찬가지로 내가 이 세상에서 마지막 숨을 거둘 땐 어떤 새로운 세상이 열릴 거라고 봐요. 나는 그 생각으로 살아갑니다. 그게 뭔지 궁금하지만 그건 그때 가서 알아보기로 하고, 이 세상에서 내 육체가 사라지는 것이 나의 끝이라고는 생각하지 않아요.

내 아내가 세상을 떠났을 때 화장터에서 오신 분들에게 이렇게 말했어요. "저는 지금 제 아내가 불덩이 속으로 들어간다고 생각하지 않습니다. 제 아내는 평생 입고 있던 옷을 벗어 놓고 다른 세상으로 갔습니다. 우리는 지금 그 사람이 세상에서 입던 단벌옷을 태우고 있는 겁니다."라고요. 정말로 나는 그렇게 생각해요. 여러분이 보고 있는 나는 내가 아니에요. 내 옷, 내 몸이지요. 진짜 나는 여러분 눈에 안 보이고 내 눈에도 보이지 않아요. 내가 중학생 땐 까까머리였고 젊었을 때는 머리에 숱이 얼마나 많았는지 몰라요. 지금은 이렇게 대머리지만. (웃음) 그리고 또 얼마 지나면 어떤 모양으로 바뀔지 모르죠. 수시로 모양은 바뀌지만, 바뀌는 주체인 나는 안 보여요. 그게 진짜 나예요.

죽음이 그것을 없앨 수는 없어요. 죽음은 다른 세상으로 들어가는 문이라고 생각해요. 내가 이런 생각으로 산다고 해서 사회질서를 어지럽히는 것은 아니잖아요. 그렇죠? 내가 이런 생각으로 산다고 해서 인간관계가 깨지는 것도 아니에요. 어떤 생각을 가지고 사느냐 하는 것은 자기 마음이에요.

청소년　우주와 자연도 인간을 품는 존재인데, 품을 벗어나야 한다고 하셨잖아요? 그럼 자연과 우주의 틀에서도 벗어나야 하나요?

이현주　거기까진 안 가 봐서 모르겠어요. 다만 자신이 할 수 있는 것은 충분히 자라서 틀이 소용없어질 때까지 자라는 거예요. 그게 우리들이 할 일인 거죠.

청소년　그러면 우주와 자연이 필요 없을 때까지 자랄 수도 있다는 말인가요?

이현주　음, 그럴지도 모르죠. 그건 내가 아직 겪어 보지 않았기 때문에 그렇다, 안 그렇다 얘기할 수가 없네요. 자연이라는 말을 우리가 쓸 때에, 그 단어 속에 어떤 의미를 담고 썼느냐는 상황마다 사람마다 다르거든요. 자연, 우주, 이런 얘기를 할 때에 그 말 속에 말한 사람이 어떤 의미를 담고 있느냐는 사람마다 달라요. 그래서 그런 얘기를 할 때는 단언해서 이렇다 하고 얘기하기가 어렵지요.

　금강산 안에 있으면 금강산이 어떻게 생겼는지 알 수 없어요. 산 밖으로 나와 하늘에서 내려다보면 금강산이 어떤 모양인지 알 수 있겠지요. 내가 기독교라는 틀 안에 있다면 그 틀 안에서 먹고 입고 하면서 최대한으로 스승의 가르침을 몸으로 따르는 것이 내가 지금 할 일입니다. 먹는다는 것은 생각하는 것이 아니라 그대로 산다는 뜻이에요. 스승이 가르쳐 준 그대로 사는 거예요. 그렇게 사는 것이 내가 해야 할 유일한 일이란 말입니다.

그 다음에 어떻게 될까 하는 것은 아까도 얘기했지만, 그때 가 봐서 경험해도 된다고 생각해요. 살면서 죽으면 어떻게 될까 생각하고 걱정하는 것도 자유지만 그러느라고 지금 당장 해야 하는 일을 제대로 못한다면 그런 어리석음이 어디 있어요? 사람이 죽은 뒤에 어떻게 되냐고, 당신은 목사니까 알 거 아니냐고 나한테 묻는 이가 있는데, 그러면 나는 아직 안 죽어 봤는데 어떻게 알겠느냐고 말해요. 그때 가서 알아보면 되는 거지, 뭘 지금부터 죽은 뒤의 세계가 어떨까 궁금해서 그러는지 모르겠어요. 당장 자기가 해야 할 일, 할 수 있는 일이 얼마나 많은데요.

더 넓은 품으로 나아가자

청소년 기독교를 믿으려면 꼭 교회에 다녀야 하나요?

이현주 기독교와 교회는 달라요. 종교, 그중에서 기독교라는 것은 그리스도의 가르침 자체를 말해요. 예수가 뭘 가르쳤는가가 기독교라는 종교의 내용인 거죠. 그것을 배우겠다는 사람들이 모인 곳이 교회예요. 말하자면 학생 그룹이지요. 교회는 아는 것은 없지만 배우겠다는 의지가 있는 학생들이 모인 곳이라서 당연히 못난 짓을 많이 해요. 그러니까 그리스도의 가르침과 교회를 동일시하는 것은 곤란해요. 교회가 싫으면 가지 마세요. 안 가도 그리스도를 만날 수 있으니까요.

헨리 나우웬이라는 분이 있어요. 기독교계의 영성가로서 많은 사람들을 깨우쳐 주신 분인데, 어렸을 때 개신교 신자인 아버지가 교회에 못 나가게 했대요. 철들어 교회를 다니면서부터 아버지 덕분에 교회보다 예수 그리스도를 만났다고 자기 책에 썼어요. 어린 시절 철이 없을 때 교회에 나가지 못하게 한 아버지한테 감사한다고요. 철모르는 백지 같은 아이들에게 교회가 가르치는 것들 중에는 예수님의 가르침과 맞지 않는 것들이 많아요. 그래서 그 둘을 똑같이 생각해서는 곤란합니다.

청소년 성경의 가르침을 다른 사람을 위해 일하라는 뜻으로 이해하는 사람이 있는가 하면, 그것을 근거로 전쟁을 일으키는 사람도 있잖아요? 십자군 전쟁도 인류 역사에서 커다란 문제를 일으켰잖아요. 어떻게 생각하세요?

이현주 모두가 자기처럼 생각하거나 믿으라는 억지가 만든 일이에요. 그래서 전쟁을 일으키는 거죠. 어떤 신학자가 신학생일 때 하나님이란 주제로 교수와 토론을 하는데 서로 말이 자꾸 어긋나더래요. 그러자 교수가 말을 멈추고는 "자네도 '하나님'이라는 말을 쓰고 나도 '하나님'이라는 말을 쓰는데, 도대체 자네의 하나님은 어떤 하나님인가? 자네 하나님과 내 하나님이 서로 다른 것 같네." 하고 묻더립니다. 그런데 대답할 말이 없었대요. 그래서 거꾸로 물었답니다. "교수님의 하나님은 어떤 하나님입니까?" 그랬더니, "내 하나님은 예수가 가르쳐 준 하나님이다." 이렇게 대답하더라는 거예요. 무슨 말이냐 하면, 모세가 가르쳐 준 하나님하고 다르다는 얘기지요.

성경에 예수님이 이런 말을 했어요. "이는 이로, 눈은 눈으로 갚으라고 모세는 가르쳤지만, 나는 말한다, 보복하지 마라." 이렇게 달라요. 모세가 얘기하는 하나님은 전쟁도 불사해요. 구약성서의 피비린내 나는 얘기들, 가나안 땅 점령해서 노인, 임신부 안 가리고 거기 토박이들을 전멸시키잖아요? 그런데 예수가 가르친 하나님은 안 그래요. 선한 자에게나 악한 자에게나 똑같이 햇빛과 비를 내려 주는 분이에요. 보복하는 하나님, 잘난 놈 상 주고, 못난 놈 벌주는 그런 하나님이 아니에요. 어떤 하나님을 모시고 살 것인가는 각자 자신이 선택하는 거겠죠.

그런데 스승의 가르침은 높지만 그걸 배우겠다는 사람들은 수준이 그만큼 높지 못해요. 부족하고 모자란 학생들이에요. 기독교와 이슬람교가 서로 싸운 것이 십자군전쟁이라고 얘기하잖아요? 실은 어폐가 있는 말이에요. 기독교와 이슬람교는 서로 싸울 수가 없어요. 기독교는 그리스도의 가르침이고 이슬람교는 마호메트의 가르침인데 그 둘은 충돌이 안 돼요. 그걸 믿는다는 사람들이 서로 싸운 거죠. 그러니까 종교 간의 전쟁이라는 말은 성립이 안 되는 말이에요.

종교 간에는 분쟁이 있을 수 없어요. 석가모니하고 예수가 서로 싸울 것 같습니까? 안 싸웁니다. 아니, 못 싸워요. 어떻게 바다가 바다와 싸울 수 있어요? 그런데 그 스승의 가르침을 받겠다고 모여든 사람들이 아직 스승의 수준까지 못 간 거죠. 그래서 전쟁도 하고 싸움도 하고 그러는 거예요.

나는 종교 다원론이 뭔지 모르지만, 그것이 이 세상에 여러 종교가 있는데 기독교도 그중에 하나임을 인정하고 서로 화합하면서 좀 더 아름다운 세상을 만들어 보자는 것이라면 기꺼이 종교 다원론자가 되겠다고 어느 글에 썼어요. 자기네 종교만 유일한 종교라는 억지 주장으로 다른 종교를 박해하고 모함하고 부정하는 것이 기독교라면 나는 그런 기독교에서 나오겠다고요.

어쨌든, 사람의 의식이 개울처럼 바다가 당기는 힘에 의해서 자꾸 내려가다 보면 강이 되고 강이 내려가다 보면 바다가 되고 그런 겁니다. 종교란 모든 사람을 마침내 바다처럼 큰 사람으로 돌아가게 하는 거예요.

청소년 저는 불교 신자인데요, 살면서 서로 종교가 다르다고 배척하는 경우가 많거든요. 저 같은 불교 신자도 예수의 가르침을 받을 수 있고, 마찬가지로 기독교 신자도 부처의 가르침을 받을 수 있는 거죠?

이현주 지금 내가 권하고 싶은 것은 학생이 불교 신자라니까, 붓다의 가르침대로 살겠다는 염을 품고 거기에 정진하면 좋겠어요. 다른 종교가 뭘 가르치나 하는 걸 엿볼 여유가 없어요. 학생은 오직 불교의 가르침에 충실하세요. 그래서 마침내 높은 경지에 오르면 다른 종교들이 모두 자기 품 안에 있는 것을 알게 될 거예요.

산골짜기마다 개울이 흐르죠? 흐르고 흘러 강에서 만납니다. 북한강과 남한강이 한강에서 만나면 '북'을 버리고 '남'을 버리지요. 그렇게 흘러 바다에 이르면 지상의 모든 강들과 하나가 되는 겁니다. 학생은 붓다를 만났으니 운명적으로 북한강이에요. 북한강으로 흐르다 보면 어느 날 기독교라는 이름의 남한강을 만나지요. 그러면 그때부터 기독교와 불교는 서로 다른 종교가 아닙니다. 북한강도 아니고 남한강도 아닌 그냥 한강으로 계속 흐르다가 바다에 이르면 모든 분별과 차별이 없어져요. 상상만 해도 근사하지 않아요?

나는 예수님이 나를 만나 준 것이지 내가 예수님을 만난 것이라고 생각하지 않아요. 그건 운명이에요. 학생들이 여기 앉아 있는 것도 운명입니다. 중요한 것은 자기 속의 간절한 마음이에요. 세상에 중요한 것, 그것 하나만 가지고 있으면 다른 것 없어도 살아가는 데 별로 불편하지 않아요. 그런데 그게 없으면 다른 것을 아무리 많이 가졌어도 소용이 없어요. 세상에서 사람한테 가장 중요한 것, 그걸 가르치는 것이 종교입니다.

청소년 그러면 종교의 궁극적인 목적은 하나라는 말씀인가요?

이현주 지구가 하나밖에 없잖아요? 바다도 하나밖에 없고요. 그러니까 지상의 많은 종교들이 결국 하나로 돌아가는 거예요. '깨달음'

의 바다에서는 종교라는 깃발 아래 이뤄지는 구분이 더 이상 필요 없어요. 예수는 스스로 '사람'의 아들이라고 하셨어요. '사람'이란 말에는 이데올로기도 없고 남녀노소 구분도 없고 인종도 없고 아무것도 없어요. 사람 하나가 있을 뿐이에요. 거기가 예수께서 서신 자리이고, 붓다도 마찬가집니다. 천상천하 유아독존, 우주에 나 홀로 존귀하다는 말인데요, 여기서 '나'라고 하는 것은 우리가 흔히 얘기하는 '너와 나'의 '나'가 아닙니다. 존재하는 모든 것이 함유된 그런 '나'예요.

하지만 학생들이 지금부터 우리 하나 되어 살자고 하면 아직은 안 됩니다. 지금은 북한강이니까 북한강으로 흘러야 하는 거예요. 각자 자기 종교를 소중하게 여기고 그 가르침을 받아야 한다는 말이지요.

학생이 준비되면 스승이 나타난다

청소년 저는 천주교 신자인데 어렸을 때 엄마를 따라서 성당을 다니기 시작했어요. 최근에 들어서는 믿음이 안 생기고 기도를 해도 마음에서 우러나지 않고 그냥 바라는 것만 말하게 되는데, 일단 천주교라는 품에 들어가야지 가르침을 얻는 거잖아요? 그 품에는 어떻게 들어가나요?

이현주 천주교 신자라고 했어요? 어떻게 들어가느냐고요? 학생은 천주교에 들어갈 수 없을 것 같은데요? (웃음) 수원에서는 서울로 들어

갈 수 있어요. 그런데 종로에서는 서울로 못 들어가지요. 이미 들어가 있는데 어떻게 들어갈 수 있나요?

청소년　그러면 그 안에서 노력을 해야 하는 건가요?

이현주　어느 한 성당에 출석하고 안 하고는 관계없는 얘기예요. 오로지 한결같은 뜻을 품었으면 좋겠어요. 아까 말했듯이, 종교란 최고 스승의 가르침이에요. 그 가르침을 배우고 싶다, 내가 그분의 가르침을 한번 받고 싶다, 나에게 주어진 한 번밖에 없는 인생인데 스승의 가르침을 따라서 한번 살아보고 싶다는 '염'을 품어 보세요. '염念' 자는 '지금 금今' 자에 '마음 심心' 자, 그러니까 마음이 딴 데에 가 있지 않다는 뜻이에요. 지금 여기 항상 있는 마음, 이게 염이에요. 염불이라는 말은 부처님을 내내 생각한다는 뜻이거든요.

　내가 그리스도의 가르침을 따라서 인생을 배움의 한 과정으로 살고 싶다는 염을 품고 있다면 다른 걱정 안 해도 될 것 같아요. 그 다음은 선생이 알아서 할 거예요. 학교에 입학하면 선생이 커리큘럼 짜고 시간표 짜고 그러잖아요? 그러니까 그런 것은 걱정 안 해도 돼요. 학생이 준비되면 선생이 온다고 아까 말했죠? 이미 학생은 품 안에 들어와 있어요. 교회하고 그리스도교하고는 다르다고 했어요. 그걸 동일시하니까 자꾸 혼동이 오는 거예요. 우리가 들어가서 소속되어야 할 것은 붓다의 가르침 혹은 예수의 가르침입니다. 그게 우리의 틀이에요.

청소년 배움이라는 마음을 어떻게 가져요?

이현주 무엇을 알고 싶다는 마음을 품는 거죠. 이런 마음을 품으면 참 신기하게도, 내 경험에 비춰 보면 정말 선생님들이 오십니다. 그 선생님들 가운데는 동시대에 사시는 분도 있고, 한 삼백 년 전에 사셨던 분도 있고, 삼천 년 전에 사셨던 분도 있어요. 석가, 노자 같은 분들이 그때 살았으니까요. 그런데 그분들은 안 돌아가셨거든요. 지금도 만나려면 얼마든지 만날 수 있어요. 이런 식으로 내 눈높이에 맞는 선생이 오셔서 가르치고, 그 단계가 지나면 한 층 높은 다른 선생이 오시고 그러는 거예요.

배우겠다는 마음을 품되 진지하게 품으세요. 그냥 한번 해 보는 생각이 아니고, 정말 내 생명을 모두 걸어도 좋겠다는 마음으로, 그런 스승을 만나고 싶다, 그래서 내가 왜 세상에 왔는지 기필코 알아야겠다, 그래서 내가 세상에 하러 온 바로 그 일을 며칠만이라도 하다가 가고 싶다는 그런 간절한 마음을 품어야 해요.

청소년 학생이 준비되면 눈높이에 맞는 스승을 만나고 이 스승한테 배울 것이 없으면 또 다른 더 높은 스승을 만난다고 하셨는데, 그 마지막 스승이 예수님이면 사람이 그 높이까지 갈 수 있다고 생각하세요?

이현주 오케이! 갈 수 있어요. 갈 수 없으면 왜 오라고 하겠습니까?

예수께서 우리에게 밀씀하시길, 나를 따라오라고 해요. 숭배하라고 하지 않습니다. 사람들이 예수를 숭배의 대상으로 모시는데, 그건 예수의 본의에 어긋난 거예요. 그분은 세상에 섬김을 받으러 온 것이 아니고 섬김의 모범을 보여주러 왔다고 했어요.

그런데 우리는 자꾸만 높은 데 모셔 놓고 숭배만 하고 있지요. 정말 그분이 원하는 것은 자기가 산 것처럼 우리도 살게 하고 싶은 거예요. 그래서 자기를 숭배하라고 하지 않고 따라오라고 했던 겁니다. 붓다든 예수든 모든 교주는 숭배의 대상이 아니고, 앞서가며 우리를 가르치는 스승이에요.

그분이 당신을 따라오라고 한 데에는 두 가지 이유가 있습니다. 하나는 우리가 안 따라가고 있으니까 따라오라고 하시는 거예요. 따라가는 사람보고 따라오라 그러는 것은 말이 안 되잖아요. 우리가 지금 그리스도처럼 살지 못하니까 그리스도 예수께서 자신처럼 살고 싶은 사람은 자기를 따라오라고 하신 거예요. 둘째 이유는 따라갈 수 있으니까 따라오라고 한 겁니다. 할 수 없는 것을 하라고 하는 사람은 머리가 돈 사람이겠죠? 그러니까 우리 모두 예수처럼 될 수 있어요. 그러니까 부르는 거예요. 미리 난 안 된다고 금을 긋는 것은 자유겠지만, 왜 자기한테 주어진 가능성을 자기가 미리 잘라 버리는 비참한 일을 스스로 하나요?

청소년 이 질문이 종교와는 별로 상관없을지 모르지만, 선생님은 행복을 뭐라고 생각하세요?

이현주　내가 행복해지고 싶다고 생각하는 한, 그 사람은 아직 행복한 사람이 아니겠죠? 진짜로 행복한 사람은 행복이 뭔지 아마 모를 거예요. 그래도 굳이 묻는다면 임시 답을 말해 줄게요. 지기가 잘하는 일이면서 동시에 하고 싶은 일을 하면서 산다면, 그 사람이 행복한 사람이라고 봐요. 그런데 내가 하고 싶은 일과 내가 잘하는 일이 서로 안 맞을 때가 있어요. 그런 경우에는 하고 싶은 일보다 잘하는 일을 제대로 선택해서 하면 좋겠어요. 그게 행복하게 사는 비결입니다.

청소년　좀 엉뚱한 질문일 수도 있는데, 품이 없는 사람은 어떻게 해요? 사람들이 모두 품을 가지고 있을까요?

이현주　품이 없다고요? 품이 없는 사람은 없어요. 품이 좁은 사람은 있지요. 넓은 사람도 있고요. 품이 좁은 사람을 넓은 사람으로 바꾸어 놓는 데 종교의 역할과 매력이 있어요. 그래서 종교생활을 오래하면 할수록 그 사람 품이 점점 넓어져요. 교회를 오래 다녔는데 좁은 마음이 넓어지지 않았다면 뭔가 처음부터 잘못된 거예요. 교회와 종교를 착각하기 때문에 그렇습니다. 무엇보다 스승의 가르침대로 살겠다는 염을 품는 것이 중요해요.

　품이 넓은 사람이 되고 싶다는 염을 갖는 것도 좋습니다. 스승 같은 사람이 되겠다는 것이니까요. 그러면 선생이 나타나서 가르쳐 줄 거예요. 학생은 착실하게 배우면 됩니다. 사람마다 기초부터 배우는 코스가 같지 않고 저마다 달라요. 염려하지 말고, 품이 넓은 사람이 팼으면 좋겠나는 마음을 품으세요.

이것저것 불평을 늘어놓는 사람은 자기가 품이 좁은 사람이라는 것을 동네방네 알리고 다니는 사람이에요. '이것도 좋고, 저것도 좋아. 내가 다 소화할 수 있어.' 이런 사람은 통이 큰 사람입니다. 간디의 유명한 말이 있지요. "나는 힌두교 신자이고, 이슬람교 신자이고, 불교 신자이고, 기독교 신자입니다." 쉼 없이 흐르고 흘러 넓디넓은 바다에 도달한 강 같은 사람의 말입니다. 품이 참 넓죠?

오늘 여러분 만나서 즐겁고 행복한 시간이었어요. 고맙습니다.

가족에 대한 따뜻한 상상

이남희

사단법인 한국여성연구소 소장

우리가 행복하기 위해서도, 그저 마음 편하게 살아가기 위해서도 가족에 대한 다양한 상상이 필요한 것 같아요. 사회에서 이상적으로 제시되는 가족도 있지만, 현실에서 살아가는 가족의 모습은 굉장히 다양해요. 각자의 사정에 따라서 같이 살 수도 있고 같이 살 수 없을 수도 있고 또 돈 버는 사람이 반드시 아빠일 필요도 없고, 밥하는 사람이 엄마가 아닐 수도 있는 거죠.

이남희

대학에서 서양사를 전공했다. 영국의 여성참정권운동에 대한 논문을 썼고, 무크지 『여성과 사회』 편집을 여러 해 했으며, 과거청산 연구 프로젝트에서 남아프리카공화국을 맡기도 했다. 여성의 역사와 지금 여기에서의 삶에 관심이 많아서 자율적인 여성모임과 강좌, 생활밀착형 여성정책을 만들고 실행하는 작업에 꾸준히 참여 중이다. '2009 서울청소년창의서밋'을 준비하면서 청소년을 처음 만났다. 공저로 『몸으로 역사를 읽는다』, 『성·사랑·사회』, 『세계화시대의 서양현대사』 등이 있다.

가족에 대한 따뜻한 상상

안녕하세요. 저는 원래 역사가 전공이에요. 서양사를 공부했고, 영국의 여성참정권 운동으로 논문을 썼어요. 역사 속 여성의 삶에 관심이 있었고, 남녀 구별이 시대마다 사회마다 다르게 구성되는 방식에 흥미를 느꼈어요. 지금은 역사와 여성이라는 두 개의 큰 흐름을 가지고 대학에서 강의도 하고, 현실에 적용할 수 있는 여성정책 연구에도 참여해 왔어요. 역사를 공부하다 보면 때와 장소에 따라 사람 사는 것이 이렇게 다르다니 놀라기도 하고, 결국 사람 사는 일은 다 같구나 생각하게도 되지요.

오늘은 가족이라는 주제를 가지고 여러분들과 이야기를 나눠 보려고 합니다.

가족은 누구인가?

오늘 주제로 들어가기 전에 가족에 대한 본인의 생각이나 우리가 함께 살고 있는 가족이 누구인가에 대해 생각해 보도록 하죠. 가족이라고 할 때 떠오르는 사람들을 포스트잇에 써서 여기에 붙여 주세요.

또 가족 이외의 존재가 있다면 그것도 쓸 수 있겠죠.

그림 여러분들이 쓴 내용을 살펴보죠.

- 나, 나를 사랑하는 사람, 내가 사랑하는 사람
- 서로가 서로에게 가장 솔직할 수 있는 공동체
- 엄마, 아빠, 나, 동생, 친할아버지, 외할아버지, 할머니, 현철이 숙모, 현철이 언니, 현철이 동생, 애완동물
- 날 온전히 나로 봐 줄 수 있는 모든 이
- 집, 가족, 친척, 친한 친구, 도움이 필요한 사람들
- 엄마, 아빠, 나, 두두, 외할머니, 할아버지, 삼촌, 외숙모, 준원, 민주, 이모, 민보, 석진, 석천
- 엄마, 아빠, 그리고 내 동생, 내가 흔들릴 때마다 꿈을 위해 걸어 갈 수 있도록 하는 존재, 더 강해지라고 나를 일부러 흔드는 존재
- 엄마, 아빠, 동생, 친척 모두 다
- 나, 워리(워리는 우리 개예요.), 엄마, 아빠
- 나의 가족은 나입니다.

사실 누구를 가족으로 해야 할지 저도 항상 고민이에요. 삼촌도 있고, 이모도 있을 때 누굴 가족으로 할까? 지금 나랑 같이 살고 있는 사람도 있지만 같이 살지 않는 사람도 있고요. 역사적으로 보면 가족이란 범위는 딱 정해져 있기보다 변해 왔어요. 가족의 정의를 백과사

전에서 찾아보면 이렇게 나와요. '부부를 중해으로 그 근친인 혈연자가 주거를 같이 하는 생활 공동체. 또는 생물학적 관계나 결혼, 입양, 기타 관습으로 친족의 지위를 얻은 친족 집단의 일부'라고 나옵니다. 가족 구성의 기본은 남녀가 부부관계를 맺어서, 아이를 낳고 같이 산다는 것이죠.

그런데 결혼을 매개로 혈연관계를 맺고 같이 살아야만 가족인가요? 꼭 그렇지는 않죠. 다른 예가 뭐가 있을까요? 사전의 정의에 속하지 않는 그런 가족이 누가 있을까요? (청소년 : 애완동물.) 네, 요즘은 반려동물도 중요한 가족 구성원이지요. 기러기아빠처럼 혈연인데 같이 살지 않는 가족도 있고요. 전혀 혈연관계도 혼인관계도 없지만 같이 사는 사람 중에 가족이라고 할 만한 분들도 있지요.

지금 우리가 함께 살고 있는 가족은 한 종류가 아니라 다양한 모양을 갖고 있지만, 역사적으로도 가족家族, family의 개념과 범위는 계속 변화해 왔어요. 부부와 그 자녀를 중심으로 가족의 기본 단위가 구성된다고 보는 것은 근대 산업화 이후 핵가족이 등장하고부터입니다.

거슬러 올라가면 로마시대에는 노예도 가족에 속했다고 해요. 노예는 사람 취급을 받지 않았던 때였는데 말이죠. 가족이라는 말 자체가 자신에게 종속되고 돌봐야 할 사람들을 가리켰습니다. 농업 중심시대를 상상해 보면, 정말 강아지 손이라도 빌리고 싶다고 할 만큼 바쁜 농사철에는 가족의 수가 하나라도 많은 것이 좋겠죠. 그러니까 단지 자식과 부모 간이 아니라 삼촌, 이모, 고모, 할아버지, 할머니,

친척 아저씨, 심지어는 친척이 아니어도 농사를 짓기 위해서 같이 사는 군식구들이 많았고, 그 식구들이 부담스런 짐이라기보다는 노동 공동체로서 함께 일을 했겠죠.

산업화시대로 넘어 오면 어떻게 됐을까요? 산업화시대에는 사람들이 먹고 사는 방법이 어떻게 바뀌죠? 집을 떠나 어디건 취직을 해서 임금을 받는 임금노동자가 되지요. 이렇게 되면 가족의 규모가 아주 단출해져요. 핵가족이라고 이야기하죠.

현대로 올수록 결혼과 혈연으로 맺어진 가족의 경제적 기능과 돌봄 역할은 점차 약해지고, 대신 친밀감이 중요한 요소로 남게 됩니다. 우리가 알고 있는 '부부를 중심으로 해서 그 근친인 혈연자'라는 가족의 사전적 정의는 아주 옛날부터 지금까지 지속되어 왔다기보다는 19세기 이후 서구에서 생겨난 개념이에요.

한국 사회에서는 그게 언제부터였을까요? 우리가 살고 있는 시대를 핵가족시대라고 하지만, 핵가족 자체는 그렇게 오래된 것은 아닙니다. 할머니, 할아버지, 삼촌, 고모가 같이 안 살게 된 이런 구조가 우리에게 당연하게 여겨진 것은 최근 몇 십 년 사이에 급속히 진행된 일이에요. 사람들이 어떤 일을 해서 어떻게 먹고사는가에 따라서도 가족의 규모는 늘어났다가 줄어들었다 했어요. 이게 '정상 가족'이라고 딱 정해져 있지는 않아요.

어떤 학생은 '나의 가족은 나입니다.'라고 포스트잇에 썼는데, 요즘은 TV 드라마에 자주 나오는 대가족 장면과 달리 가족의 규모 자체가 줄어드는 추세입니다. 결혼과 출산율이 줄어드는 것과도 관련이 있지요. 통계청에서 인구주사를 할 때는 실제 주거와 살림을 함께 하는 단위로 '가구家口, household'라는 개념을 사용합니다. 따라서 '1인 가구'는 존재하지만, 가족은 두 사람 이상이 모여야 성립한다고 구별할 수 있지요. 우리나라 전체 가구 중에서 1인 가구가 얼마나 될까요? 지역마다 차이가 있는데 통계청에서 2010년에 조사했을 때 약 25.6퍼센트 정도예요. 4가구 중에 1가구는 1인 가구라는 뜻이지요. 이 통계는 우리가 생각하는 가족의 개념이 크게 달라져야 한다는 것을 의미해요.

우리가 머릿속으로 생각할 때 가족이라는 것은 엄마 아빠와 아이가 다 있어야 한다고 생각하지만, 사실 현실에서는 혼자 사는 가구가 더 많은 거죠. 그 외에 엄마랑 아이하고 살거나, 아빠하고 아이들하고 살거나, 아니면 할머니, 할아버지랑 아이가 살거나 혹은 아이가 없이 부부만 사는 가족도 있고, 정말 다양한 가족들이 존재해요. 꼭 남자 여자 단위로 된 부부만이 아니라 남자와 남자, 여자와 여자가 같이 사는 커플도 있고, 친구끼리 함께 살 수도 있어요. 정말 다양한 관계들이 함께 살면서 서로 친밀감을 표현해요. 만약에 친밀감을 통해서 형성된 관계를 가족이라고 정의한다면 가족의 종류는 우리가 헤아릴 수 없을 만큼 다양해서 그 전체적인 흐름이 어디로 가는 것인가는 사회과학이나 역사를 공부하는 사람들이 분석을 해야 할 거예요.

그래도 여전히 '정상 가족'이라는 이데올로기는 영향력이 있어요. 시대나 지역마다 누구랑 어떻게 사는가도 다르고, 경제구조에 따라 가족의 형태도 빨리 변하지만, 사람들의 머릿속에 어느 것이 정상이다, 비정상이다 하는 관념은 천천히 바뀌고 오래 지속되기 때문에 그것을 기준 삼아서 평가를 하게 되죠. 예전에 배운 지식에 맞는 가족은 정상 가족인데, 거기서 벗어나면 비정상 가족이라고 말이에요. 결손가정이라는 표현도 다름이 아니라 부족함을 강조하는 표현이죠. 요즘은 그렇게 표현하지 않아요. 그전에는 한쪽 부모하고 아이들하고 산다고 하면 편모 가정이나 편부 가정이라고 표현을 했는데, 요즘은 한부모 가족이라고 표현해서 좀 더 긍정적인 의미를 주기 위해 노력을 해요. 왜냐하면 기존의 정상 가족이라는 관념으로 옳고 그르고 좋고 나쁘고를 표현하기에는 너무나 사람 사는 모양새가 다양해졌기 때문이에요.

인구 정책과 가족계획의 변천

여러분, 거실 장식의 대표적인 것 중 하나가 가족사진이라는 건 아시죠? 텔레비전에 나오는 거실 모습을 보면 소파가 있고 그 소파 위에 가족사진이 걸려 있는 경우가 많아요. 그 가족사진 안에 가족의 수라든지 옷매무새라든지 여러 가지에 따라서 가족의 세를 과시하기도 해요. 평소에는 한 번도 모이지 않다가 가족사진 찍을 때만 한 번 모여서 가족임을 확인하기도 하고요.

우리의 가족 형태는 국가 정책의 영향을 참 많이 받아요. 사실 누구

외 결혼하고 누구랑 아이를 낳고 이떻게 살고 하는 것은 각자의 선택인 듯싶지만 국가에서는 끊임없이 정책으로 우리에게 몇 명의 아이를 낳아서 어떻게 키워야 한다는 이야기를 해 줘요. 정부에서는 가족계획이나 저출산 대책 등 정책을 통해 우리에게 적당한 가족의 수를 정해 주려고 노력하는 것을 알 수 있어요.

아래 사진 속의 이분 누군지 아시죠? 차범근 씨와 부인, 큰 딸 하나예요. 둘째인 차두리가 아직 안 태어났을 때예요. 이때 왜 이런 광고에 나오셨을까요? 1970년대 말에는 둘만 낳아 잘 기르자는 가족계획 운동을 정부 주도로 했어요. 그때 차범근은 가장 멋진 축구선수였고, 대표적인 모범 가정의 가장으로 가족계획 캠페인의 모델로 나온 거예요. 나중에 차두리뿐 아니라 세째도 태어나서 '하나만 더 낳고 그만두겠어요.' 라는 약속은 지키지 못했어요. (웃음)

우리나라에서는 1960년대부터 가족계획이라는 것을 했어요. 가족계획이 뭔지 아세요? 인구문제를 해결하기 위해 자녀의 수와 터울을 조정한다는 목표를 세우고, 그에 필요한 의료지식을 전파하거나 계몽활동을 하는 것이지요.

차범근 가족계획 홍보 포스터(1979)

그런데 이게 어떻게 시작되었는지 아세요? 1960년대에 국제기구 유엔에서는 후진국의 인구가 급격히 늘어나면 지구 전체의 생활 자원이 부족해져서 뭔가 큰 위기가 올 거라고 굉장히 불안해 했어요. 그래서 유엔은 후진국을 대상으로 해서 인구조절 정책을 적극적으로 지원했어요. 돈도 보내고 교육도 해 주는 등 여러 가지 지원을 했는데, 우리나라도 그때는 인구 폭발이 우려되는 후진국에 속해 있었죠. 게다가 우리나라 내부적으로는 국가 주도의 근대화를 시작하면서 농업 중심 사회에서 공업 중심의 사회로 나아가는 길목에 서서 무엇인가 근대적인 가족 형태가 필요하다고 생각하던 차라, 가족 수를 줄이는 가족계획이 국가의 정책이 되었어요.

세계적으로는 후진국을 대상으로 한 유엔의 인구 조절 정책, 우리나라에서는 근대화를 하고자 하는 국정 추진 방향, 그리고 원치 않는 임신의 굴레에서 해방되길 원했던 당시 여성들의 소망, 이 3자가 맞아떨어진 거죠. 그 결과 우리나라는 세계에서 가장 성공한 인구 조절 정책 국가 중의 하나가 됐어요.

1960년대에 가족계획 캠페인을 시작할 때는 몇 명 낳자고 했는지 아세요? 3년 터울로 셋을 낳아서 잘 기르자고 했어요. 그러다 1960년대 후반, 1970년대에 들어서면 아들 딸 구별 말고 둘만 낳아서 잘 기르자고 해요. 왜 아들 딸 구별하지 말자고 했을까요? 제 친구 중에는 8녀1남의 여섯 번째 딸이 있어요. 여러분들 친구 중에는 그런 딸부잣집이 있나요? 요즘은 애기를 많이 낳으면 지원금도 주죠. 그래도 많이 안 낳으려 해요. 예전에는 아들 선호사상 때문에 아들 낳을 때까기 계속 낳는 그런 풍습이 있었죠. 여러분의 어머니, 아버지, 할아버지, 할머니에게 그때 형제 수를 한번 여쭤 보세요. 몇 남 몇 녀였는지를 확인해 보면 아마 그때 아이를 낳게 되는 인구사회학적 분석을 나름 해 볼 수가 있을 거예요.

아래 포스터에 나오는 '내가 할께.' 이건 뭘까요? 가족계획을 하려면 피임이 필요하지요. 피임을 하는 방법에는 수술, 약, 도구 등 몇 가지가 있고 남자와 여자 둘 중 한 명이 하면 되는데 그래도 피임은 주로 여성의 일이었죠. 왜냐하면 남성은 임신이 자기 몸에서 일어나는 일이 아니기 때문에 함께 나눌 일이 아니라 여성만의 일처럼 생각하는 경우가 많았어요. 임신에 따르는 책임은 대부분 여성에게 돌아가는 편이었지요. 그래서 원치않게 임신을 하면 여성의 잘못인 것처럼 되는 현상도 많았어요. 아이는 혼자 만들 수 없는 것이고 여자의 책임으로만 넘길 수도 없는 것인데요. 그래서 가족계획 사업 과정에서 오랫동안 금기시되어 왔던 남성의 피임을 많이 권장했어요. 1970년대에는 남성들에게 피임을 권장하는 캠페인도 생겨났죠. 당시 극장에서 영화 상영 전에 의무적으로 틀어 주던 '대한뉴스'라는 것을 보면 남자들이 예비군 훈련에 소집됐을 때 그 자리에서 피임수술인 정관수술을 받으면 예비군 훈련을 면제해 준다는 내용도 있었어요. 그런 시절도 있었답니다.

'내가 할께' 가족계획 포스터

또한 여성 차별, 남아 선호가 아이를 많이 낳는 원인이라고 해서 남성 중심으로 된 호주제와 상속제도를 바꾸자는 캠페인도 생겼어요. 자꾸 아들만 낳으려고 하는 것은 여러 가지 사회 제도가 남성들에게 더 유리하게 되어 있어서 딸보다는 아들이 더 가족의 앞날에 보탬이 된다고 생각하기 때문이라고 본 거죠. 사회 제도를 남녀가 공평하도록 바꾼다면 아들 선호사상이 사라지지 않을까 하는 취지에서 벌어진 운동이에요.

　1980년대에는 둘도 많다고 하기 시작합니다. '잘 키운 딸 하나 열 아들 안 부럽다'고 했습니다. 아래 포스터는 정말 많이 나온 포스터예요. 그전에는 형제가 많으면 항상 아들이 우선이었어요. 아들이 없는 경우는 양자를 들여서라도 대를 이어야 한다고 어른들이 그러셨기 때문에, 딸은 출가외인으로 아무리 여럿이 있어도 자식으로 치지 않았죠. 딸은 가족이 아니었어요. 여러분, 상상할 수 있어요? 딸은 자식이 아니었어요. 자식은 어쨌든 남자여야 해서 딸이 있어도 아들을 양자로 들여야 한다는 생각을 국민 중 상당수가 가졌을 때 국가가 앞장서서 '잘 키운 딸 하나 열 아들 안 부럽다'라는 캠페인을 벌인 거예요.

'잘 키운 딸 하나 열 아들 안부럽다' 포스터

　1983년 7월 29일 한국 인구가 4,000만을 돌파한 것을 계기로 대한가족계획협회는 인구 증가에 대한 경각심을 키우기 위해 인구시계탑을 세우기도 했어요. 처음에 청원에서 시작해서 전국 주요 도시에 세웠고, 서울에는 한강대교를 비롯해서 여러 군데 세웠지요. 우리나라 인구 수가 늘어나는 대로 숫자가 바뀌었지요. '하나씩만 낳아도 삼천리는 초만원'이라고 경고를 했죠.

이렇게 하나를 낳자는 이야기를 계속 하다 보니 1990년대 초반에 남자아이가 너무 많이 태어나는 현상이 벌어졌어요. 보통 생물학적인 자연의 성비로 따지면 남성이 약간 많이 태어나요. 제가 들은 설명으로는 여자아이보다 남자아이의 생존율이 조금 떨어진대요. 그래서 남자아이가 조금 많이 태어나고 여자아이가 조금 적게 태어나면 나중에 인구가 비슷해진다고 합니다. 평균 수명은 여성이 더 높아요. 『살아있는 인도』라는 책을 쓴 노벨 경제학상 수상자 아마티아 센 교수는 인위적인 인구조절정책을 하지 않는 영국이나 미국, 프랑스에서 여자아이 대 남자아이의 출생성비는 1.05(여자아이 100명일 때 남자아이 105명)이지만, 아시아나 아프리카 지역에서는 남자아이의 비율이 훨씬 높다고 진단함으로써, 태어나지 못한 여자아이들이 어떻게 됐을까라는 생각을 하게 했어요.

우리나라 통계청 집계를 보면 1982년부터 남자아이가 많이 태어나는 남초 현상이 점점 두드러지다가 2007년부터 평균적인 출생 성비로 돌아왔습니다. 1990년에는 출생 성비가 여자아이 100명 대 남자아이 116.5명까지 격차가 벌어졌어요. 어떻게 이런 결과가 생겼을까요? 국가에서 권장하는 적정 자녀 수가 1960년대부터 1980년대, 1990년대 걸쳐서 계속 셋, 둘 하다가 하나로 줄어드니까 선별 낙태가

1990년대에 대한가족계획협회에서 만든
포스터

일어난 거예요. 태아의 성을 감별해서 이 아이를 낳을 것인지 낙태할 것인지를 정한 거죠. 1990년대 초에 특히 이런 현상이 두드러졌어요. 아들 낳는 법에 대한 책도 많이 나왔어요. 지금은 많이 달라지긴 했지만, 우리나라에서 첫째로 태어난 아이의 성비를 보면 남녀가 비슷해요. 그런데 둘째 아이는 남자가 좀 높아요. 셋째 아이는 남자가 굉장히 많아요. 성감별로 인한 남초 현상 때문에 초등학교 아이들 중에 남자아이들이 훨씬 많아지고, 그래서 한 반에 몇 명은 여자 짝꿍이 없는 일도 일어났어요. 결국 1994년에는 태아의 성별을 알려주면 의사면허를 취소하는 강력한 법을 만들 지경에 이르렀지요.

2000년대 오면서 정부의 인구정책이 확 변하기 시작했어요. 세계에서 가장 성공한 인구정책으로 꼽히는 가족계획 캠페인과 IMF사태 이후 경제적 상황의 악화가 맞물려서 우리나라는 세계적으로 가장 낮은 출산율을 기록하게 됐어요. 그러자 이번에는 많이 낳아야 한다는 쪽으로 정책과 여론의 논조가 확 바뀌어 버리죠. 정부 차원의 저출산 대책이 계속 만들어지고, 아이를 여럿 낳으면 지원금을 주는 지방자치단체도 생겼습니다. 그래도 여전히 우리나라는 출산율(2012년

1.3명)이 세계 최저 수준에 가깝습니다. 아이를 키우는 데 드는 교육비 부담과 집세는 올라가고 안정된 일자리가 적어서 결혼 자체를 연기하거나 포기하기 때문이지요. 아직은 출산율을 획기적으로 높일 묘책이 딱히 없어 보입니다.

출산율이 낮아지면 무엇이 걱정일까요? 생산가능 인구가 줄어들고 부양해야 할 노년 인구가 늘어난다는 것이 가장 먼저 거론됩니다. 하지만 다르게 생각하면 노년이라고 규정하는 나이가 전보다 높아져 생산가능 인구가 늘어나는 셈이기도 합니다. 나이가 많다고 꼭 부양받아야 할 부담스런 인구로 보는 것이 아니라 자립이 가능하도록 사회의 시스템을 바꿀 수도 있어요. '남자는 일, 여자는 살림'이라는 식의 이분법을 벗어 버릴 수도 있고요.

생각해 보면 내가 누구랑 어떻게 결혼해서 아이를 어떻게 키우고 하는 게 다 개인의 선택인 것 같지만, 우리는 여러 경제적 조건이라든지 국가의 정책이라든지 사회적 시선이라든지 이런 여러 가지에 늘 영향을 받고 있어요.

근대 사회로 넘어오면서 개인이 굉장히 중요해지고 개인이 해방되었다고 이야기를 해요. 경제적으로 개인이 임금을 받아서 스스로의 힘으로 먹고살고, 정치적 권리를 획득하고, 또 사회적으로 개인의 인권이 중요해지는 사회가 된 것이 19세기 이후에 산업화와 시민혁명을 거쳐서 발전하게 된 근대 사회의 특징이라고 이야기합니다.

그러나 한편으로는 이 근대 사회의 해방에 대해서 굉장히 비관적으로 이야기하는 사람들도 있어요. 그 대표적인 사람이 프랑스 철학자 미셸 푸코라는 사람이에요. 이 사람은 근대 개인의 해방, 자율적인 주체로서의 개인에 대해서 비관적인 이야기를 해요. 『감시와 처벌』이라는 책에서는 우리는 마치 보이지 않는 감시자에 의해 감시를 당하면서 사실은 스스로 자기를 통제하는 '파놉티콘'이라는 감옥에 살고 있는 것 같다고 해요. 마치 우리가 스스로 선택해서 모든 일을 하고 있는 것 같지만 결국 그것은 보이지 않는 통제에 의해서, 마치 내가 선택한 것으로 생각되기 때문에 누구를 원망할 수도 없는, 그런 감옥에서 살고 있는 것 같다는 것이 근대의 개인이 처한 딜레마라고 합니다. 과연 자기가 스스로 만든 감시자와 감옥에서 벗어날 가능성이 있을까요?

사실은 다 남의 가족하고 살고 있다

가족은 사회적으로 어떤 기능을 할까요? 가족 안에서 우리는 다양한 활동을 합니다. 일하고 와서 쉬었다가 다시 일하러 갈 수 있는 힘을 얻을 수 있는 공간이 되기도 하고, 아이를 낳고 키우기도 하고, 노인이 되거나 아프면 서로 돌보기도 하고, 그냥 모여서 놀거나 싸우거나 맛있는 것을 해 먹기도 하지요. 우리가 보통 생산이라고 하면 공장이라든지 밖에 나가서 돈 버는 것만 생산이라고 생각하지만 가정에서 이루어지는 재생산이 있어야지만 다른 생산도 가능하죠. 이렇게 중요한 재생산이 이루어지는 공간과 관계로서의 가정은 따로 분

괴피이 있는 것 같지만, 시실 사회의 재생산을 담당하는 중요한 디젼이 됩니다. 가족 중 한 사람이 나가서 돈을 벌어올 수 있다는 것은 그를 재우고 먹이고 입히는 다른 사람들이 집에 있기 때문에 가능한 거죠. 사실 어떻게 보면 혼자 돈을 벌어도 혼자 버는 것이 아니고, 한 사람에게 월급을 줘도 그 한 사람에게 주는 것이 아니라 그 사람이 그날 나와서 일할 수 있게 하는 힘을 준 모든 사람들에게 주는 셈이 되는 거죠.

가족의 기능은 여러 가지가 있는데, 사회적인 복지제도가 잘 안 되어 있을수록 가족들이 부담해야 하는 몫이 많아요. 가족은 때로 힘이 되기도 하고 부담이 되기도 하고 그랬습니다. 아이를 키울 때 정부에서 주는 복지 혜택이 별로 없고 내가 늙었을 때 나 혼자 힘으로 살아가야 하거나 가족에게 기대어서 살아야 하는 사회에서는 가족에게 많은 것을 기대게 돼요. 가족 가운데 누구라도 출세하면 그 사람에 얹혀서 살아야 했어요. 가족이 잘되어야 내가 기댈 수 있다는 관념이 클수록 가족 사이에 서로 기대는 것이 굉장히 많죠.

여러분들은 혹시 지금 자기랑 살고 있는 가족들이 진짜 가족이 아니고 진짜 가족은 어딘가 다른 데 있을 거란 생각을 해 본 적이 있나요? 이 사람이 진짜 내 엄마나 아빠가 맞을까 하는 생각은 안 해 봤어요? '이건 진짜 내 가족이 아냐.'라는 생각을 해 본 사람이 있다면 다른 어떤 가족을 원하는지 궁금하네요.

엑토로 말로라는 작가의 『집없는 아이』 읽어 보셨나요? 주인공 레미는 가난한 집안에서 아버지의 구박을 받으며 살아도 친부모인 줄 알았는데 사실은 양부모였다는 게 밝혀져요. 집을 떠나 갖은 고생을 하지만 역경에 굴하지 않고 씩씩하게 지내다가 결국 진짜 혈육을 만나 해피엔딩으로 끝나지요. 자신에게 친절하게 대해 준 귀족부인이 사실은 생모였다는 결말은 그동안의 고생을 다 보상해 주는 카타르시스를 제공하지요.

심리학자 프로이트는 아이들이 『집없는 아이』라는 소설의 주인공처럼 지금 부모는 친부모가 아니고, 어딘가 더 나은 부모가 존재한다고 믿는 환상을 '가족 로맨스'라고 이름 붙였어요. 이런 심정을 '사회적으로 낮게 평가되는 부모로부터 자유로워지고, 보다 더 높은 사회적 지위를 가진 사람을 부모로 삼고 싶어 하는' 일종의 신경증이라고 보았어요. 그것은 부모도 마찬가지예요. 내 아이가 내가 생각하는 그 아이가 아닌 거예요. 여러분은 엄마 아빠가 생각하는 그 아이가 맞아요? 그 아이예요? "너는 아무래도 내 자식이 아닌가 보다." 엄마 아빠가 서로 나 안 닮았다고 이렇게 주장하면 여러분은 다시 한 번 생각 해 봐야 해요. 자신이 엄마 아빠가 생각하는 꼭 그 아이인지. (웃음) 엄친아, 엄친딸에 대한 이야기가 나오는 것은 부모가 생각할 때 내 자식이라면 이랬으면 좋겠다 하는 생각이 있기 때문에 나오는 거죠.

사실 엄친아, 엄친딸은 엄마의 생각에서, 엄마와 나의 대화 속에서 존재하는데 실제로는 없어요. 아파트 110동 205호에 살지는 않아요. 그런데 어쨌든 엄친아는 내 주위에 항상 있지요. 자식도 내 부모가 진짜 부모가 아니었으면 좋겠다는 생각을 하고, 부모도 내 자식이 내 진짜 자식이 아니었으면 좋겠다는 생각을 하게 되는 경우가 있어요.

왜 자꾸 그런 생각이 들까요? 미디어나 주위에서 훌륭한 삶, 성공한 삶에 대한 기준들이 계속 제시되고 그 기준을 받아들이게 되면서 자신이나 가족이 거기에 맞지 않을 때 괴로워하고, 현재 갖고 있는 관계에 대해서는 보지 않으려고 하거나 부정하는 그런 마음이 생겨나기 때문이에요. 사실은 저도 엄마 입장에서 가끔 이런 생각이 들긴 했었어요. '얘는 왜 이렇게 공부를 안 하지? 왜 이렇게 의지가 없지?'라고요.

그런데 마음에 안 드는 가족, 성에 안 차는 가족을 어떻게 사랑할 수 있는가가 우리 가족 관계에서 정말 큰 숙제라고 생각해요. 남의 가족, 현실에 없는 가족을 그리워하면서 지금 가족을 미워하는 것보다는 조금 못생겨도, 공부 지지리 못하거나 공부 안 해도, 요리 못해도 서로 좋아하고 보고픈 가족 관계를 어떻게 만들까 하는 것이 우리가 갖고 있는 가장 큰 과제라고 생각합니다. 지금은 사실 다 남의 가족하고 살고 있어요.

가족에 대한 다양한 상상이 필요하다

가족은 마치 하나의 연극 무대와도 같아요. 각자의 맡은 역할이 있어요. 자기 역할에 대해서 나름대로 다들 '좋은 딸이 되어야지.', '좋은 아들이 되어야지.', '좋은 엄마 아빠가 되어야지.' 하고 생각하지만, 실제로 살다 보면 그게 잘 안 되기도 해요. '왜 나는 엄마라는 이유로 만날 이런 일을 해야 하지?', '왜 나는 언니라는 이유로, 형이라는 이유로 이런 것을 해야 하지?' 하는 억울한 생각이 들게 될 수도 있죠. 자기가 할 수 있는 것을 하는 것과 가족에서 맡은 배역을 잘하는 것 사이에는 늘 괴리가 있어요. 그런데 엄마로서의 역할, 아빠로서의 역할, 자식으로서의 역할은 시대마다 달라요. 그리고 가족마다 달라요. 사람마다 달라요. 이걸 생각 하지 않으면 참 힘들어지죠.

효도도 그때그때 다르다는 이야기를 하고 싶어요. 자기가 어떤 일을 했을 때 엄마 아빠가 즐거워하면 그게 효도잖아요. 여러분이 아기였을 때는 까꿍할 때 웃기만 해도 엄마 아빠가 좋아했잖아요? 효도한 거예요. 좀 지나서 "엄마." 비슷하게 한마디만 해도 식구들이 박수치면서 숨넘어갈 듯이 좋아했으니까 효도한 거잖아요? 이런 말이 있어요. 아이가 태어나서 만 2년 동안 평생 하는 효도를 다하는 거라고요. 여러분들이 웃기만 해도 어떤 때는 한 숟가락 더 먹기만 해도 너무너무 좋아하시잖아요? 그럴 때 평생 효도를 다 한 거예요. 그다음에는 여러분들이 막 속을 썩이고 힘들게 해도 참고서 키우시는 거예요. 여러분도 엄마 아빠를 정말 기쁘게 하고 싶은데, 엄마 아빠가 여간해서 기뻐하지 않는 경우가 있어요. 엄마 아빠 본인의 문제가 복잡해서 안 웃을 수 있어요. 꼭 여러분의 책임만은 아니에요. 어쨌든 여러분의 존재 자체가 효도고 기쁨이라고 할 수 있어요.

효도의 관념은 참 많이 달라졌어요. 그래도 효도에 대해서 역사적으로 항상 통용되는 절대적인 기준은 굳이 말하자면 사랑하는 마음밖에 없는 것 같아요. 그것을 구체적으로 표현하는 방식은 다 다를 수가 있는 거죠. 기기 방식으로 관계 속에서 각자의 효도가 나올 수가 있는 겁니다.

그럼 가족의 역할에 대해 이야기해 보겠습니다. 우선 어머니와 아버지의 역할에 대해 살펴보죠.

여러분, 엄마 하면 가슴이 아프면서 찌르르 하는 느낌이 있으세요? 혹시 엄마가 여러분보다 먼저 맛있는 거 싹 드셔서 충격 받았던 적 있어요? (청소년 : 수도 없어요.) 수도 없이요? 한 번도 그런 적이 없었던 사람은 없나요? (몇몇이 손을 든다) 40대, 50대 이상 어른들이 기억하는 어머니에 대한 전형적인 이미지는 자기 자신보다 식구들을 먼저 생각하는 헌신적인 어머니지요. 그런데 저만 해도 맛있는 거 생기면 내가 먼저 먹기도 하고, 남겨두었다 주기도 하고 그래요. 혼자 싹 먹진 않지만 그렇다고 다 주기만 하지는 않지요.

여러분들 집에서 자세히 관찰해 보세요. 누가 제일 좋은 것을 먹고 좋은 옷을 입고 그러는지요. 가족이라는 것은 자원을 배분하는 하나의 공동체이기도 하거든요. 한정된 자원이 있을 때 그 우선순위가 어떻게 매겨지는지 집에 가서 한번 살펴보고 순위를 매겨 보세요.

저는 헌신적인 어머니라는 어머니에 대한 전형적인 이미지가 싫어요. 사실 저는 맛있는 것도 먹고, 친구들과 놀러 다니기도 하고, 제 일도 해야 하는 사람이고, 식구들 돌보는 일뿐만 아니라 개인으로서 소망이 많은데, 바람직한 어머니가 헌신적인 어머니라고 한다면 죄의식이 느껴져요. '나는 왜 이렇게 못된 엄마일까? 뭔가 잘못하고 있는 건 아닐까?' 이런 생각을 하게 된다는 말이죠.

어머니에 대해서 가지고 있는 희생과 헌신의 이미지는 지금 세대에게는 조금은 달라졌지만 그래도 여전히 강한 이데올로기적인 영향을 미치고 있어요. 집에서 여러분들은 자원 배분의 우선순위에서 엄마가 어느 위치에 있는지, 아빠가 어느 위치에 있는지, 내가 어느 위치에 있는지를 한번 생각해 볼 수도 있을 것 같아요. 물론 가장 좋은 것은 식구들이 다 공평하게 불만 없이 자원 배분을 할 수 있으면 좋겠지만, 그게 말처럼 쉽지는 않지요. 저희 엄마는 저한테 당신이 억울하고 속상했던 사연을 종종 이야기하세요. 아버지가 자기한테 못한 것, 할머니가 자기한테 못한 것들을 저한테 이야기하면 저는 어떤 날은 그냥 "그래, 알았어." 하다가, 어떤 날은 조용히 들어주고, 또 어떤 날은 듣기 싫어서 화를 내기도 해요. 그럴 때마다 엄마는 딸이 그것도 못 들어주냐고 섭섭해 하시지요. 저는 나중에 가족을 원망하느니 좀 어렵더라도 살면서 자기가 원하는 것을 그때그때 하는 게 좋겠다고 생각합니다.

시대가 많이 달라지기도 했어요. 하나만 낳아 잘 기르자는 구호 아래 자란 딸들이 이미 30대가 되었어요. 국가에서 권장한 대로 '잘 키운 딸 하나 열 아들 안 부럽다' 하고 키웠는데, 그 잘 키운 딸이 희생과 헌신의 어머니나 아내가 되어야 한다고 생각해 보세요. 정신적 충격이죠. 만일 여러분 자신이 나중에 희생과 헌신이란 관념이 가장 바람직한 어머니의 이상적인 모델로 제시되는 상황에 놓인다면 엄청나게 충격 받고 혼란에 빠질 거예요.

실제로 제가 아는 친구들 중에서도 바로 그런 괴리를 견디지 못해서 힘들어 히는 경우를 봤어요. 예를 들어서 학교에서 똑같이 공부하고 직장생활하고, 본인이 중요하다고 생각하는 일을 하면서 살아왔는데, 결혼을 했을 때 가족 안에서 자기에게 주어지는 역할이 희생과 헌신의 어머니나 내조하는 아내일 때, 그 괴리를 견디지 못해서 우울해지거나 결혼생활 자체를 지속하기가 힘들어질 수도 있지요. 〈마요네즈〉라는 영화나 〈가족의 탄생〉이라는 영화를 보면 굉장히 이기적인 엄마가 나와요. 자기가 하고 싶은 대로 멋도 부리고, 심지어 연애도 하고, 말하자면 '막장' 엄마인 거예요. 그래서 그 자식이 엄청 상처를 받아요. 왜 우리 엄마는 다른 엄마와 다를까? 다른 엄마는 자식들을 위해서 뭐든지 다 희생하고 자식이 우선인데, 왜 우리 엄마는 자기의 감정이나 자기가 원하는 것이 먼저일까? 엄마도 똑같은 사람이고 엄마마다 개성이 다르다는 것을 인정하지 않으면 풀리지 않을 문제라고 생각해요. 가장 올바른 엄마 역할이 무엇인지 하나의 정답은 낼 수 없지만, 맡겨진 배역에 대한 어떤 강박이 있을 때 그 사람은 물론 자신이나 혹은 주위의 사람들도 다 힘들어질 수도 있다는 것을 말해 두고 싶어요.

여러분, 아버지라고 했을 때 어떤 이미지가 떠오르나요? 아버지는 묵묵히 가족들을 위해 땀 흘려 일하지만 슬픈 일이 있어도 안에서 삼키는 그런 아버지가 우리 사회의 전형적인 아버지죠.

살다 보면 여러 가지 상황이 닥치고 기쁜 일도 슬픈 일도 생기지만, 언제나 묵묵히 남자이기 때문에 아버지이기 때문에 참아야 한다면 얼마나 힘들겠어요? 일하기 싫을 때도 있고, 일을 할 수 없을 때도 있겠지만, 늘 땀 흘리며 일하는 연기가 아버지 배역에 주어진 단 하나의 대본이기 때문에 다른 연기가 허용되지 않는다면 어떨까요? 제가 여기서 말씀드리려는 것은, 아버지로서의 역할을 해야 하는 남자도 자기에게 기대되는 역할에 대해서 압박을 느낄 수 있다는 거예요. 아버지도 식구들과 소통하고 싶지만 아버지는 이러해야 한다고 정해진 이미지 때문에 가족과 거리를 두게 되는 경우가 있어요. 아버지가 갑자기 살갑게 굴면, '어 왜 이래?', '무슨 일 있어?' 이런 관계가 되잖아요. 그러다 보면 아버지는 자기에게 의무만 요구하는 것처럼 보이는 가족들보다 집 밖에서 자기를 알아주는 사람들을 찾아 돌아다니게 되지요.

우리에게 필요한 것은 가족으로 함께 사는 동안 서로에게 가장 따뜻하고 성의 있는 대접을 해 주는 것이지만, 실제로는 지나고 나서 후회하는 경우가 대부분이지요. 엄마건 아빠건 남들이 정해 준 배역에 맞추어 충실하게 하려는 것은 본인도 힘들고 오히려 식구들도 힘들게 할 수 있어요. 누가 딱히 시킨 것도 아닌데, 마치 정해진 것 같고 비교될 것 같은 압박이 들잖아요?

사실 엄마 아빠의 역할도 시대에 따라 참 많이 바뀌나 봐요. 요새는 엄마 아빠가 묵묵히 헌신과 희생만 한다고 아이들이 좋아하지도 않는다지요. 그동안에는 아이들이 고등학교를 졸업하거나 대학 들어갈 때까지만 엄마가 뒷바라지를 하고 그 후에는 본인이 알아서 하는 편이었다면, 요즘은 고학력인 엄마가 대학 학점, 취직시험 준비하는 것까지 관리하는 경우도 있다고 해요. 그러다 보니 아이들도 나중에

판사가 되고난 후 판결도 엄마한테 물어본다는 거짓말 같은 풍문도 있어요.

누구나 똑같은 엄마, 아빠, 자식 노릇을 기대하고, 누구나 똑같은 진로를 추구한다면 우리의 삶은 더 불안하고, 무력해지고, 부모와 자식 누구도 행복하지 않은 위기의 상황을 맞을 것이라고 경고하는 분들도 있어요. 상담 현장에서 10대 청소년과 부모를 만나 온 저자들이 쓴 『대한민국 부모』에서는 일류 대학, 안정된 직장 등 지금 사회에서 바람직하다고 여기는 가치를 자식이 실현할 수 있도록 전력투구하다가 오히려 관계를 망가뜨리고 어쩔 줄 몰라 하는 부모들의 이야기가 실려 있어요. 좀 불편할 수도 있지만, 부모와 자식이 함께 읽어 보면 좋을 책이에요.

지금 여러분 세대의 엄마는 평균적으로 여러분의 할머니보다 훨씬 많이 배운 분들이에요. 학벌도 높아졌고, 사회적인 기대치도 달라요. 그러다 보니 살림도 하고, 돈도 벌고, 자녀 교육도 잘하는 원더우먼을 요구하는 바람에 오히려 예전보다 더 힘들다는 하소연도 나오지요. 자본주의 사회가 요구하는 경쟁이 바람직하지 않다는 것은 심정적으로 알지만, 막상 자기 자녀가 경쟁 대열에서 이탈하는 것이 두려운 엄마는 늘 앞뒤가 맞지 않는 모순된 존재처럼 굴 수도 있지요. 스물네 명의 엄마를 인터뷰해서 쓴 『엄마는 괴로워』를 읽어 보면 대한민국에서 엄마로 살아가기가 얼마나 혼란스러운지 알 수 있어요.

우리가 행복하기 위해서는 가족에 대한 다양한 상상이 필요해요. 사회에서 이상적으로 제시되는 가족도 있지만, 현실에서 살아가는 가족의 모습은 굉장히 다양해요. 각자의 사정에 따라서 같이 살 수도 있고 같이 살 수 없을 수도 있고 또 돈 버는 사람이 반드시 아빠일 필요도 없고, 밥하는 사람이 엄마가 아닐 수도 있는 거죠. 그전에는 엄마 아빠가 다 한국 사람이어야만 보통 가정이었지만 지금 같은 추세라면 지역에 따라서는 오히려 부모의 국적이 다른 가정에서 태어난 아이가 더 많을 수도 있어요. 이혼과 재혼 비율이 늘어나다 보니 엄마가 다르거나 아빠가 다른 형제자매로 구성된 가족 관계도 많이 생겨나고요. 어떤 조건이건 그것을 결핍이나 결손으로 느끼지 않고 다른 모습, 다양한 모습으로 서로 인정하고 받아들여 주는 사회가 정말 좋은 사회라고 생각해요.

저는 가족들 간에 서로 바라는 것을 자유롭게 이야기할 수 있으면 좋겠어요. "나는 이런 엄마가 있었으면 좋겠어.", "이런 아빠라면 좋겠어.", "이런 딸, 이런 아들이었으면 좋겠다."라는 이야기를 자유롭게 할 수 있나요? 좀 어려운 것도 같아요. 부담 줄까 망설여지기도 하지요. 사실은 그렇게 이야기할 수 있어야 하는데요. 가족들 사이에서 "나는 이게 싫어.", "이게 좋아."라는 이야기를 서로 잘할 수 있어야 관계가 편안해져요.

누구와 이룬 가족이든 소중하다

이번에는 가족 안에서 자녀의 역할에 대해서 이야기해 볼게요. 아

왜 왼쪽 사진이 믿기 않세요? 이 사진이 남자아이는 뭘 하고 있을까요? 네, 축구공을 만들고 있어요. 1996년 〈라이프〉 잡지에 하루에 몇 백 원 받고 열 시간 이상 나이키 축구공을 만드는 파키스탄 소년의 사연이 실려서 충격을 주었어요. 그 후 비판 여론이 일자 나이키 축구공 공장은 파키스탄을 떠나 인도의 시골마을로 옮겨 갔어요.

아래 오른쪽의 흑백사진은 〈아름다운 청년 전태일〉이라는 영화에 나오는 동대문 평화시장의 봉제공장 장면입니다. 전태일 열사는 1970년 11월에 평화시장에서 일하는 노동자의 노동조건을 개선하기 위해 최소한의 노동법을 지켜 달라는 요구를 하다 돌아가신 분이에요. 전태일 열사는 재단사였고, 공장에는 미싱사와 보조 역할을 하는 시다라고 불리는 어린 여자아이들이 많았어요.

그때 평화시장 인근에 2만 명의 봉제 노동자가 있었는데 그중에 40퍼센트가 시다였어요. 평균 연령이 15살인 이 친구들이 그때 돈으로 90원에서 100원의 일당을 받으며 일했어요. 여러분들보다 훨씬 어린 친구들이 하루 열여섯 시간씩 일을 한 거죠. 너무 일을 많이 해서 키

축구공을 꿰매는 파키스탄 소년   영화 〈아름다운 청년 전태일〉의 봉제공장 장면

도 안 자랐어요. 쉬고 먹고 자는 기본적인 시간이 있어야지 다시 일할 기운이 생기는데, 너무 오래 일을 하니까 키까지 클 여유가 없었던 거예요. 19세기 영국의 산업혁명 초기에 일어난 상황과 비슷하다고 할까요. 작업장은 환기도 잘 안 되었어요. 전태일 열사의 요구 사항 중에는 환풍기를 달아 달라는 것도 있었어요. 별것도 아닌 요구잖아요. 에어컨도 아니고 환풍기 달아 달라는 요구인데, 그것도 받아들여지지 않았어요. 그래서 전태일 열사가 마지막 선택을 할 수밖에 없는 상황이 됐어요.

여기서 말하고 싶은 것은, 지금 한국 사회에서는 대학 졸업까지 25년 가까이를 성장기로 보고 공부만 해야 된다고 생각하고, 중산층 이상 가정에서는 당연한 일로 여기고 있지만, 역사적으로는 그렇지 않았다는 거예요. 1970년대 한국 사회는 물론이고 20세기 이전에는 서구의 많은 가정에서도 아이들은 집안의 중요한 노동력이었죠. '자기가 먹을 것은 자기가 가지고 태어난다'는 속담이 그럴듯했던 것은 그만큼 아이들이 일찍 일손이 되어 주었기 때문이죠. 지금은 어때요? 앉아서 배우는 교육만 하다 보니 사람들은 교육비가 많이 들어 아이를 못 낳겠다고 그러지요. 왜 지금은 아이들이 유용한 일손이 아니라 돈 먹는 하마가 됐을까요?

19세기 이전까지 아이는 작은 어른이었어요. 특별히 아이라고 해서 특별히 대우해 줘야 한다는 생각을 별로 하지 않았고, 아이는 어른의 축소판이라 생각했어요. 프랑스의 역사학자 필립 아리에스는 『아동의 탄생』이란 책에서 아동이란 개념은 19세기를 지나면서 탄생

했다고 말하지요. 아이를 어른과 구별하여 특별한 돌봄과 양육을 제공하고, 문화적으로도 어른과는 다른 아이들만의 어떤 것을 해 줘야 한다는 것은 어떻게 보면 일종의 인권 개념의 진보예요. 아직 성숙하지 않은 존재로서의 아동의 권리를 인정해 준 것은 진보라고 할 수 있죠. 그런데 달리 생각해 보면 열 몇 시간을 노동하는 대신 지금 열 몇 시간을 공부하게 된 것이 진보일까요? 너무 어린 나이에 장시간 노동을 하는 것도 아동 권리의 유린이지만, 장시간 공부를 해야 하는 것도 아동에게는 가혹한 일이지요.

지금 여러분이 자식으로서 집안에서 갖는 존재의 의미는 뭘까요? 미래에 대한 투자? 그럼 나중에 돈 벌면 부모님 드릴 거예요? 엄마가 앞으로 미래에 대한 투자라고 생각해서 열심히 수업료도 내주시고 그러나요? 사실 요즘 부모들 가운데 자식으로부터 노후에 직접 도움을 받을 거라 생각하는 이는 그리 많지 않아요. 그런데도 어떤 집은 먹는 것 빼고 나머지는 거의 다 교육비로 넣는 식으로 과잉된 교육 투자를 하면서 온 가족이 허덕이며 살고 있는 경우도 있어요. 개인의 욕망도 있고, 사회 분위기의 영향도 있을 텐데, 이런 구조가 얼마나 지속될지는 모르겠어요. 다들 너무 힘들어 하기 때문에 지속 가능하지는 않을 것 같아요. 그래서 지금은 오히려 그런 풍조에 휩쓸리지 말고 나름의 독자적인 방식을 찾아 봐도 좋을 만한 때라는 생각이 들어요.

1970~80년대에 청년기를 보낸 여러분 부모 세대는 교육을 통해서 사회적 지위 상승이 가능한 세대였어요. 한국 경제가 한창 팽창하는

시기였기 때문에 가능성이 많기도 했고, 성공이 무엇인가에 대한 생각도 비교적 단순명료하게 보였던 시절이었지요. 하지만 지금은 많은 것이 달라졌어요. 앞선 세대가 좋다고 하거나 성공이라고 하는 것을 억지로 그대로 따르기보다 이 시대의 새로운 흐름을 읽어 내고 길을 열어 가는 것이 어쩌면 더 가능성이 더 크고 편안할 것 같다고 생각합니다.

지금까지 가족에 대한 여러 가지 이야기를 해 봤는데요, 현재 우리가 아는 가족은 하나가 아니고, 다양한 모습을 하고 있어요. 역사적으로 보면 지금까지 계속 변화해 왔으니 앞으로도 어떻게 달라질지 지켜봐야겠지요.

누구와 이룬 가족이든 가족은 소중합니다. 혼자서 감당할 수 없는 상황이 닥칠 때 곁에 누군가가 존재한다는 것, 내가 힘들 때 신세 질 수 있고, 누군가 내게 폐를 끼칠 때 기꺼이 받아줄 수 있는 존재, 그것이 반드시 혈연과 혼인관계를 중심으로 맺어진 배타적인 공동체가 아니라 조금은 열려 있는 관계라도 좋다고 한다면 누구나 가족을 구성할 권리를 가질 수 있겠지요. 나 혼자 모든 것을 감당할 수는 없는데, 개인에게 모든 책임을 떠넘기는 시대에 살면서 지치거나 낙오하지 않고 함께 살아갈 수 있는 버팀목을 세우는 것, 그것은 바로 가족 만들기의 시작이지요.

누구도 정답을 가지고 있지 않다

청소년 교육을 많이 받은 나라일수록 문맹률이 낮거나 전체 국가 인구가 낮아진다는 말이 있잖아요. 인구가 낮아진다는 걸 좋은 것으로 많이 이야기하는데, 선생님은 어떻게 보시나요?

이남희 어떤 상황에 따라 그 이야기가 나왔는가를 먼저 봐야 할 것 같습니다. 예를 들어서 둘만 낳아 잘 기르자는 구호가 어떤 상황에서 생겼는지 그 배경을 관심 있게 보게 되는데요. 실제 근대로 오면서 경제 발전 과정에서 적은 수의 자녀를 낳아서 더 나은 양육 조건을 제공하는 것이 선진국으로 가는 길목이라고 보는 시각이 우세했어요. 한정된 자원 속에서 삶의 질이 높아지는 방법이었기에 선택한 거죠. 문제는 경제 발전을 내세워 국민을 계몽하는 방식으로 추진하는 인구정책이 여성이나 개인에게 꼭 바람직한 것은 아니라고 봐요. 1970년대에는 아이를 둘만 낳고 불임수술을 한 부부에게 아파트 입주권을 준 적도 있었어요. 그런데 지금은 어때요? 다자녀 가정에 지원금을 준다고 하잖아요.

정부는 성과를 중심으로 보기 때문에 정책을 통해 자꾸 국민들에게 이렇게 해라 저렇게 해라 지시하고 간섭하는 경향이 있어요. 하지만 개인의 입장에서 본다면 나의 선택권을 행사할 수 있느냐 없느냐, 그것이 저는 중요하다고 생각합니다. 여성들로서도 피임수단이 보급됐다는 것 자체뿐만 아니라 그것을 스스로 선택할 수 있는 사회 분위기가 조성되었느냐가 중요하고요.

청소년 좋은 대학 나오고 좋은 학력이 있어도 취직을 못하는 사람이 생기잖아요. 우리들 중에서도 분명히 대학을 갈 사람이 나오고 취직을 하고 살아갈 사람이 생길 텐데요, 그러면 어떤 식으로 사는 것이 좀 더 하고 싶은 걸 하면서 즐겁게 살 수 있는지 한번 여쭤보고 싶어요.

이남희 요즘 누구나 관심을 갖고 있는 문제지만 제가 딱 정답을 드리기는 어려운 문제이기도 하네요. 이른바 좋은 대학, 말하자면 대학이나 학과의 순위가 있다면 그 순으로 가는 것이 취업의 기회를 높일 수 있겠지요. 그때 취업 가능한 직장이 좀 더 안정된 조건을 제공할 비율도 상대적으로 높겠지요. 그러나 상위권 대학이라고 하는 곳에 몇 명이나 들어갈까요? 여러분들 세대가 조금 어려운 세대이긴 해요. 고용 없는 성장, 일자리를 별로 만들지 않는 정보기술 산업의 시대를 살고 있어요. 그래서 상위권 대학을 나와도 원하는 만큼의 일자리가 있지는 않아요. 그러다 보니 좋은 대학을 나와야 좋은 곳에 취직할 수 있다는 절박함과 웬만큼 좋은 대학을 나와도 안정된 취직 자리에 못 갈 것이라는 공포가 동시에 우리를 휩쓸고 있는 형편이지요.

우리가 1퍼센트 대 99퍼센트 사회라고 이야기하는데, 그 1퍼센트가 되려고 매진하는 와중에 나머지 그 99퍼센트가 불행해지는 현상에 대해서는 얘기를 안 하는 것이 걱정이에요. 좋은 대학 가지 말고, 취업 준비하지 말라고 말하고 싶진 않아요. 하고 싶은 사람은 해야죠. 중요한 것은, 1퍼센트에 대한 이야기만 계속 하지 말고, 다른 부분 즉 99퍼센트에 대한 이야기를 어른들도 시작을 해야 하고 아이들도 시작을 해야 한다는 거죠. 취직이라는 문제에 있어서도 우리가 생각할 때 좋은 일자리는 너무나 한정되어 있어요. 정부에서 정책적으로 만드는 임시 일자리가 아니라, 우리가 생각할 때 괜찮은 일이라고 생각하는 일의 종류를 많이 만들어야 해요. 공무원이 되어도 보람 있는 일도 있지만, 어려운 일도 있을 거예요. 예를 들어서 제가 아는 학생이 공무원이 되었어요. 그런데 하고 싶지 않은 원자력발전소의 우수성에 대해 홍보하는 일을 맡은 거예요.

좋은 일자리라고 정해져 있는 특정한 일자리에 진입하기 위해서 머리를 막 들이밀어야 하는 이 고통을 그냥 방관만하고 있는 게 아니라, 우리가 하고 싶은 것들을 재미있게 할 수 있는 일을 많이 만들어 가야 해요. 그것은 여러분들도 관심을 둬야 하지만 사실은 어른들이 많이 고민해야 하죠. 어른들도 계속 좋은 대학 가라는 이야기만 반복할 게 아니라 다른 대안을 생각해야 한다고 생각해요. 그런 흐름을 만들어 가는 것은 정치적인 변화, 정책적인 변화와 같이 갈 수도 있고 정말 적은 사람들의 자발적인 모임 속에서도 일어날 수가 있어요.

여러분이 제 나이가 됐을 때는 정말 일을 하면서도 즐겁게 살 수 있는 기회가 많았으면 좋겠어요. 여러분의 부모님은 상상력을 가지기 참 어려운 시대를 살았기 때문에 계속 "공부는 잘해야지." 하실 거예요. 좋은 대학은 가야 한다고 생각하는데 사실은 부모님도 잘 몰라요. 20년, 30년 뒤에 닥칠 사회가 무엇인지 몰라요. 누구도 정답을 가지고 있지 않거든요. 우리가 만들어 가면서 달라질 수 있는데, 우리가 너무 정답을 잘 알고 있는 것처럼, 이거 아니면 다른 건 아니라고 이미 정해 버렸기 때문에 다른 게 안 보이는 것뿐이죠.

청소년 선생님도 엄마잖아요. 그래서 여쭤보는 건데, 가족 내에서도 비밀이 있을 수 있는데, 별것 아닌데도 엄마가 모든 걸 다 궁금해 하는 거예요. 저한테 일어나는 모든 일을. 별것 아닌데 궁금해 하니까 가르쳐 주기 싫어서 이야기 안 하면 엄마는 서운해 하기도 하고 기분 나빠 하기도 하고 혼내기도 하거든요. 그런 일은 어떻게 해결하면 좋을지요.

이남희 요즘은 엄마와 딸, 엄마와 아들 사이가 가까운 사람이 많아서 모든 일을 다 이야기한다고는 하는데, 살다 보면 자기만의 비밀이 생기게 되죠. 우리 애한테 남자친구가 있어요. 나도 물어보고 싶은 게 너무 많은 데 참고 있어요. 저도 연애를 할 때 우리 엄마한테 말하고 싶지 않은 게 많았어요. 그러니까 내가 연애를 했을 때를 생각해 보면, 일일이 이야기하고 싶지도 않고 남자친구가 엄마한테 가서 나와의 일을 다 이야기했다고 생각하면 다시는 만나고 싶지 않았을 거예요. 식구끼리 다 털어놓고 그런 것도 좋지만, 모든 것을 매순간 공유할 필요는 없어요. 게다가 다 얘기한다고 생각하는 관계에서도 정작 필요한 것은 얘기하기 어려운 경우가 많지요. 입장 바꿔 놓고 보면 우리 애가 저에 대해서 모든 것을 다 알고 개입하는 것을 저도 원하지는 싫어요. 그래서 약간은 서로 거리가 있는 것도 좋은 것 같아요. 여러분도 이제 정서적 의존을 벗어나서 독립을 준비해야 하는 시기예요. '엄마랑 친하지만 이것은 내 일이야.' 딱 이렇게 마음의 선을 긋는 것 말이죠. 그것이 여러분이 성장하는 거예요. 원할 때, 필요할 때 상의 드리고요. 그러면 아마 엄마도 받아들이실 것 같아요. 차츰 익숙해질 것 같아요. 청소년기에 적절하게 심리적 이유기를 치르지 않으면 나중에 어른이 되어서도 스스로 결정을 못하는 마마보이 소리를 듣게 될 수도 있어요.

여러분이 부모가 됐을 때는 그동안 만나지 못한 기발한 아빠, 재미있는 엄마를 만날 수 있을 거라고 저 혼자 상상하고 기대해 봅니다. 그럼 이상으로 강연을 마치겠습니다. 고맙습니다.

고래 배 속에서 살아남기

이계삼

전 밀성고 교사 · 〈오늘의 교육〉 편집위원

중요한 것은 스스로 판단하고 생각하는 사람들이 있느냐, 그들이 고립되지 않고 서로 연대하고 있느냐, 이것입니다. 그들의 프레임으로부터 자유로운 사람, 지배 논리에 대해 스스로 생각하는 사람이 중요한 거예요. 결국 우리 스스로 '작은 거점', '작은 진지'를 만들어서 우리끼리 우리 사이에서 서서히 퍼져 나가는 것이 세상을 바꿔 나가는 길이 될 것입니다. 남이 해 주는 일이 아닌 겁니다. 우리 자신이 지금 여기서부터 시작해야 하는 일입니다.

이계삼

〈오늘의 교육〉편집위원이며 중등 국어교사로 11년간 일했다. 지금은 밀양에서 갓 시작한 귀농학교 일과 농사 일, 지역 운동에 전념하고 있다. 여러 매체에 기고하고 있으며, 이를 묶어서 몇 권의 책을 냈다. 『영혼 없는 사회의 교육』, 『변방의 사색』, 『삶을 위한 국어교육』, 『청춘의 커리큘럼』, 『교육 불가능의 시대』(공저) 등이 있다.

고래 배 속에서 살아남기

반갑습니다. 저는 11년간 고등학교에서 국어교사로 근무했고, 지금은 학교를 그만두고 밀양에서 귀농학교 일과 지역 운동에 전념하고 있습니다.

저는 그동안 교사를 하면서 '학교라는 곳과 교육을 어떻게 바라봐야 할까?' 라는 큰 질문을 가지고 있었어요. 이 질문은 여러분의 현재 당면한 삶에 대한 것이고 제 삶에 던지는 질문이기도 해요. 나름대로는 절박한 문제인데, 제가 가지고 있는 실력껏 오늘 최대한 열심히 이야기하려고 해요. 아무쪼록 잘 들어주시고, 좋은 질문 많이 해 주시길 바랍니다. 좋은 강의는 항상 좋은 질문으로 완성되는 거니까요.

학교는 왜 다니지?

여러분, 노래를 하나 들어 볼까요? 김진표라는 래퍼가 부른 이 노래를 들어 본 친구도 있을 거예요. 〈학교에서 배운 것〉이란 노래인데, 영화 〈말죽거리 잔혹사〉의 OST죠.

인생의 일 할을 나는 학교에서 배웠지

세월은 흘러 모든 것들이 변해 가도

내 마음속 깊은 곳에

지워지지 않는 추억들

(중략)

매 맞고 침묵하는 법과

시기와 질투를 키우는 법

그리고 타인과 나를

끊임없이 비교하는 법과

경멸하는 자를 짐짓 존경하는 법

그중에서도 내가 살아가는 데

가장 도움을 준 것은

그 많은 법들 앞에

내 상상력을 최대한 굴복시키는 법

가사를 들어 보니 우리한테는 기분 나쁜 노래죠. (웃음) 이 노래 처음 들어 보나요? 영화배우 권상우가 나오는 〈말죽거리 잔혹사〉란 영화는 알죠? 1970년대 우리 학교를 보여주고 있는 재미있는 영화예요. 이 노래 들으면 어떤 생각이 들어요? (청소년 : 씁쓸해요.) 그래요, 씁쓸하군요.

저는 이 노래를 처음 들었을 때 이런 질문이 강렬하게 떠올랐어요. '학교는 왜 다니지? 이런 학교를? 이렇게 적나라하게 다 빼앗기고 강지한데 매 맞고 침묵히는 법과 시기의 질투를 배우고, 상상력을 굴복시키는 법을 배우는 학교를 왜 다니지? 나는 왜 학교에서 선생 짓을 하고 있지?' 이런 생각이 진짜 짧은 순간이지만 들었어요.

'누구 좋으라고 학교 다니지? 엄마가 시켜서 다니나?' 이런 내용으로 질문을 하면 대부분 "다 다니니까요." 이렇게 대답을 할 거예요. 이것은 이 시대의 상식이에요. 그런데 학교를 다닌다는 것은 인류의 역사에서 대단히 예외적인 사건이에요. 일정한 시간이 되면 모든 부모들이 손을 탁 놔 버리고 아이들을 이상한 네모진 건물의 학교에다 밀어 넣죠. 자신의 몸을 이상한 시간표 안에 우겨 넣고 거기에 온통 지배당하게 하는 학교라고 하는 공간은 사실 200년밖에 되지 않았어요.

학교는 독일에서 시작되었어요. 과거 프로시아 제국이 프랑스와의 전쟁에서 졌는데, 나폴레옹 군대한테 왜 졌는가 생각을 해 보니까 국민들이 멍청해서 그랬다는 거예요. 전쟁에서 진 이유가 자기네 병사들이 프랑스 군대와 달리 농사만 짓다 온 코흘리개들이라서 "돌격!" 하고 명령을 내려도 도무지 무슨 말인지 모르고, 게다가 병사들이 "나 이 전쟁 왜 해야 되는지 모르겠어. 나 안 할래." 이러면서 말을 안 들었어요. 그래서 프로시아 제국의 프리드리히 3세는 학교를 만들어서 학교에 다 집어넣자고 합니다. '국민'을 길러내려 했던 거죠.

『독일 국민에게 고함』으로 잘 알려져 있는 피히테라는 철학자와 베를린대학 창립에 참여한 훔볼트라는 철학자, 들어 보셨나요? 두 사람은 "우리는 한 민족이다. 힘을 키워야 한다."라며 독일 민족주의를 강력하게 부르짖었던 사람들이죠. 저는 나치 히틀러의 끔찍한 야만이 사실은 이미 피히테부터 예정되어 있던 거라고 생각합니다. 그들은 모든 국민을 다 학교로 보내라고 했고, 안 보내면 부모를 불러서 두들겨 팼으며, 심지어 어떤 부모는 그러다 죽기도 했었어요. 아주 강력한 정책이었습니다.

피히테가 말했던 핵심 명제가 있어요. 학교에 집어넣어서 교육을 시키면 아이들은 부모의 말을 따르지 않고 국가의 말을 따르게 될 것이라는 겁니다. 그 이전까지 우리가 충성했던 존재는 부모나 동네 어른들 혹은 '우리 마을'이라고 하는 공동체, 더 넓히면 '우리 부족' 정도였어요. 그런데 학교를 다니게 되면서부터 이제는 국가라고 하는 막연한 어떤 실체에 충성을 다하게 되는 거예요.

학교가 시작된 독일에서처럼 근대 학교 교육은 한마디로 말을 잘 듣게 만드는 거예요. 목적은 크게 두 가지인데, 하나는 말을 잘 듣는 군인과 노동자들을 만들어 내는 것이고요. 다른 하나는, '하나의 국민'으로 엮어 세우는 것이에요. 독일 초창기 학교에는 훼방금지 제도란 것이 있었어요. 말하자면 선생님이 한창 설명을 하고 있는데 갑자기 "이건 왜 그래요? 저건 왜 그래요?" 하고 질문하는 것이 금지되는 거죠. 선생님의 허락을 얻고 난 뒤에야 질문할 수 있어요. 설명을 하고 있는데 질문을 하는 것, 끼어드는 것은 마치 선생님 수업을 방해하는 것이라 생각했어요. 하지만, 질문하는 것은 대단히 자연스러운 과정이잖아요. 설명하는 내용에 대해서 질문이 생기면 왜 그런지 바로 물을 수 있는 것은 배우는 사람의 권리인데, 이것을 훼방으로 생각한 거예요. 학생들의 질문이 중요한 것이 아니라, 야성을 갖고 있는 존재들을 순치시키는 것이 중요했던 겁니다. 두 번째는 국가 중대사에 대해서 모두가 똑같은 입장을 가지는 국민을 만들어 내는 기능입니다. 지배하는 입장에서 보면 이런 국민을 만들어야 국론이 쉽게 통일이 될 수 있으니까요. 이게 학교가 하고 있는 두 가지 중요한 기능이에요.

다시 정리하자면, 말 잘 듣는 사람, 순종적인 사람, 시키면 시키는 대로 하는 사람, 정해진 시간 안에서 착착 말을 듣는 사람을 기르는 겁니다. 그런데 황제의 자식들, 지배자의 자식들은 그런 인간으로 길러지면 곤란하잖아요. 그래서 독일에선 따로 학교를 더 만들었어요. 학교제도라는 것은 독일에서도 그랬고 지금도 그렇습니다만, 다 이원화되어 있어요. 독일의 학교 초창기에 의무교육을 하는 '국민학교' 외에 소수의 특권층 자녀들을 위해 진짜 학교라는 뜻의 '레알슐레Realschule'라는 학교가 있었어요. 레알슐레에서는 국민학교와 달리 특권층 자녀들을 위해 리더십을 가르치고, 말하고 글 쓰고 생각할 수 있는 주도적인 사고능력을 가르쳤어요. 그리고 스스로 사고하고 상상할 수 있는 법을 배웠어요. 이렇게 학교가 이원화되어 있습니다.

학교라는 제도로부터 생겨난 역설

여러분, 근대 사회에 들어와서 중세 사회와는 다르게 신분제가 없어졌다고 하죠? 그런데 전혀 그렇지 않습니다. 학교 제도뿐만 아니라 모든 사회조직도 이원화돼 있어요. 군대를 한번 생각해 볼까요? 장교와 하사관을 봅시다. 장교는 사관학교에서 따로 가르치고 하사관은 기술학교에서 잠깐 교육시키고 임용을 해요. 하사관들은 정년퇴직할 때까지 근무를 해도 최고로 올라갈 수 있는 자리가 상사예요. 물론 원사, 준위도 있지만 어쨌든 모두 하사관의 범주에 들어가요. 장교들은 소위에서 출발해서 장성까지 올라갑니다. 이렇게 이원화되어 있어요.

공장이나 회사는 어떤가요? 크게 두 가지로 나뉩니다. 관리직과 생산직이에요. 한쪽은 몸을 쓰고 한 쪽은 머리를 쓰죠. 머리를 쓰는 쪽은 끝까지 올라갈 수 있지만, 생산직은 출발부터 끝날 때까지 생산직이에요. 역시 이원화되어 있습니다. 경찰도 마찬가지예요. 순경에서 출발하는 사람들은 끝까지 올라가도 잘 올라가면 경위, 경감까지 올라가지만 경찰대학이라는 간부학교를 졸업한 사람들은 임용되자마자 경위에서 시작해서 경찰 총수까지 올라갈 수가 있어요. 우리나라 학교도 인문계와 실업계로 나뉩니다. 중학교 끝날 때쯤 16세 정도 때부터 한편은 머리를 쓰는 쪽으로 가서 끝까지 머리를 써서 이 사회를 지배하고 지도하는 사람이 되고, 다른 편은 기술을 배워서 그냥 몸으로 살라고 갈라 버립니다. 다 마찬가집니다.

공무원도 볼까요? 9급 공무원들은 아무리 올라가 봤자 5급까지 올라가는 것도 아주 힘들어요. 물론 예외적인 경우도 있어요. 그런데 고시라는 제도를 통과한 사람들은 시작부터 5급입니다. 이런 이원화는 사실상 중세 신분제도를 그대로 계승한 거예요. 신분제가 없어진 것이 아닌 거죠. 그리고 지금까지 제가 설명했던 그 모든 것들은 사실은 교육이라는 것을 통해서 관철이 됩니다. 학교를 통과하고 시험을 치르고 줄을 세워서 한편은 이쪽, 다른 편은 저쪽으로 가릅니다. 학교는 이렇게 만들어졌고 이런 역할과 기능을 합니다.

학교 제도를 강력히 원했던 것은 회사, 기업인들이기도 했어요. 자본주의 초기에 자연의 시간을 따라서 농사를 짓고 양을 쳤던 농민들이 땅을 다 빼앗기고 도시 노동자가 되어 캄캄한 방직공장에서 하루에 열두 시간, 열세 시간 일을 하니까 이 사람들이 미쳐 버립니다. 그리고 월급도 쥐꼬리만큼 받고 끔찍한 삶을 살게 되고, 심지어 기계가 더 진보하면서 일손이 필요없어지고 이용만 당하다가 잘려서 실업자가 되니까 러다이트운동(기계파괴운동)이 일어났어요. 노동자들은 자신들을 궁지에 몰고 간 공장 기계들을 부수면서 다녔어요. 이게 근대적 노동운동의 출발이에요. 또 사보타지라고 들어 봤나요? 다른 노동자들이 일을 못하게끔, '사보'라는 프랑스식 나막신 신발을 방직기계에 집어던져 기계를 못 돌아가게 만들어 일을 못하게 방해를 하는 거예요. 그래서 기업인들은 이런 야성의 존재들을 순치시키기 위해서 학교가 정말 필요했던 거죠.

미국에서는 의무교육을 도입하려고 했던 호레이스 만이라는 사람이 있었어요. 당시 남북전쟁이 끝나고 나서 흑인 노예들이 대부분 풀려났어요. 이제 이 흑인들과 다른 노동자들을 북부에 있는 공장에서 일을 시켜야 했어요. 그는 독일에 다녀와서 독일의 교육 모델을 그대로 이식했어요. 호레이스 만은 매사추세츠 주의 교육위원장이었는데, 쉽게 말하면 우리나라의 교육감인 셈이죠. 그는 맨 먼저 어린이

노동 금지 운동을 했어요. 한편으로는 아동 인권적인 측면에서는 진보적인 운동이었지만 다른 한편 이것은 아이들을 일을 시키지 않는 대신, 학교에 집어넣어서 공부를 시키자는 거였죠. 그리고 이 제도의 혜택은 결국 기업가, 지배자, 부자들이 다 봅니다.

브라질의 민중교육자 파울로 프레이리라고, 의식화교육을 주창했던 세계적인 교육자가 있어요. 『페다고지』라는 불후의 고전을 남겼어요. 가난한 사람들이 자기의 언어로 말하게끔 하는 문제 제기 식 교육을 주창한 분이에요. 이분이 미국 보스턴대학의 로널드 마세도 교수와 대담을 하는데 그 교수가 푸념을 늘어놓더래요. "미국 제도는 왜 번번이 실패하는지 모르겠습니다. 이렇게 천문학적인 돈을 들여서 나름대로 민중에게 교육을 시켜 보려고 하는데, 민중의 자녀들은 끊임없이 패배감만 맛보고, 글쓰기나 읽기, 셈하기조차 하나 제대로 되지도 않고 문맹률은 여전히 높습니다. 왜 이럴까요?" 이렇게 얘기하니까 프레이리가 이렇게 답변했다고 합니다.

"그게 바로 학교가 목표로 하는 거랍니다." 이 말이 맞습니다. 학교에서 사고력과 창의성을 내세우지만, 사실 제일 좋아하는 것은 낮은 사고력과 높은 애국심을 가진 사람들입니다. 아이들을 그냥 학교에 집어넣어 십 몇 년간 공부시켜 놓으면, 나올 때는 낮은 사고력과 높은 애국심을 가진, 절대로 지배자에 맞서서 단결하지 않는 이기적인 존재로 빚어집니다.

그래서 '하나가 되자. 자랑스런 애국자로 살아가자'고 하는 것은 사실은 허위입니다. 여러분, 대한민국 국민이니 애국심이니 이런 당

연한 언술들을 이야기하기 이전에 스스로를 한 개인으로 생각해야
됩니다. 이게 가장 정직한 것입니다. 양심적 병역 거부를 아이들한테
설명해 주면 이렇게 얘기해요. "선생님, 그러면 군대는 누가 가려고
할까요? 나라는 누가 지켜요?" 여러분, 우리가 국방부 장관이에요?
여러분 아버지가 대통령이에요? 기본적으로 우리는 각자 한 부모의
자식이고, 사랑하는 친구들의 벗이에요. 이게 제일로 중요한 겁니다.
국가를 누가 지키느냐 하는 것은 우리가 걱정할 필요가 없어요. 그것
만 하라고 엄청난 월급을 받으면서 살고 있는 사람들이 따로 있어요.
그 사람들이 머리를 짜서 방안을 찾아야 하는 거예요. 모두가 군대를
가지 않아도 얼마든지 군대를 유지할 길이 있고, 모두 군대를 가지
않아도 되는 나라들이 많아요. 그리고 우리처럼 모두에게 병역의 의
무를 부여하는 나라들도 양심적 병역거부를 인정하고 대체복무를 허
용하는 나라도 많아요.

여러분 이 얘기가 좀 무책임하게 들리나요? 미국의 비판적 교육자
조너선 코졸이 쓴 책의 일부를 한번 읽어 볼게요.

차라리 갈가리 찢긴 이 나라를 살 만한 곳으로 만들기 위해서 싸
우겠다고 맹세하는 것이 진실에 가깝지 않을까? 자신의 눈으로
판단하고 자신의 언어로 세계를 설명할 줄 아는, 불의 앞에서는
'아니요'라고 말할 수 있는 용기를 갖춘 사람, 이 나라의 모든
선행과 악행에 관한 지식을 견뎌낼 준비가 되어 있으며, 악을 근
절하지 못해서 안달하고 선을 강화하는 일에 열성적인 사람, 저

는 이 사람이 애국자라고 생각합니다.

학교를 안 다녔으면 될 걸, 다녀 가지고 오히려 실패자라는 낙인을 받아요. 5등급 낙인을 받고, 6등급 낙인을 받아요. 4퍼센트 1등급을 뺀 96퍼센트는 다 실패자예요. 1퍼센트에 못 들면 죽도록 고생해서 공부하고 온갖 모멸과 수치를 다 견뎌도 실패자라는 낙인을 받아요. 근대적 학교 제도의 역설입니다. 학교 교육을 열심히 받으면 받을수록 공동체에 희생하고 헌신하는 사람이 되기는커녕 공동체에 가장 해로운 심성만 갖게 돼요.

학교라는 공간이 있으니까 사람들이 이렇게 생각해요. '아, 이 사회제도 속에서 학교라는 것은 배움이라는 것을 전담하는 곳이다. 그래서 학교라는 데에서만 배움이 일어난다.'라고 말이에요. 또 학교라는 건물이 떡하니 있으니까 '저기서 일어나는 일들은 다 배움이거나 배움과 관련 있는 일일 것이다.'라고 생각해요. 웃기죠? 어떻게 배움이 학교에서만 일어납니까? 그리고 학교에서 일어나는 일 중에 배움과 진짜 상관있는 일들이 그렇게 많이 있나요? 안 좋은 것들이 훨씬 많죠? 학교라는 제도가 있음으로 해서 생겨난 역설이에요.

한국의 교육시스템에서는 모두 다 불행해진다

학교는 인류사에서 대단히 예외적인, 200년밖에 안 된 체험인데 오늘날 우리에게는 삶의 당연한 한 부분이 되었어요. 이제 한국에 대한 얘기를 좀 해 볼게요.

제가 가르친 친구 중에 이런 친구가 있었어요. 어린아이가 너무 예뻐서 어쩔 줄 몰라 하는 친구였어요. 중학생 때부터 유년 주일학교 교사를 하면서 아이들이랑 놀아 주고 했는데, 야간 자율 학습을 하다가도 그 애들만 생각하면 눈물이 막 난다는 학생이었어요. 여러분도 잘 알고 있는 권정생 선생님, 그리고 아동문학가 임길택 선생님이 쓰신 책을 제가 읽으라고 주었더니 금세 다 읽어 내는, 정이 많고 사랑으로 펄펄 끓는 친구였죠. 나중에 초등학교 교사를 하면 정말 수많은 아이들을 자기 자식처럼 사랑할 친구였어요.

그런데 교대 수시모집에서 습자지 한 장 차이인 내신 합산 점수 0.5점 정도 차이로 이 친구가 탈락했어요. 원래 이 친구는 전 과목을 보는 교대 수시모집에 응시할 정도니까 내신이 아주 좋았죠. 거의 모든 과목에서 1등급을 받고 몇 과목에서만 2등급이나 3등급을 받았던 친구거든요. 저는 웬만하면 붙을 거라 생각했는데, 떨어지고 나서 이 친구 성적표를 쭉 보니까 1학년 때 체육에서 7등급을 받은 거예요. 3단위짜리였으니까, 체육 과목에서 6등급만 받았어도 이 친구는 교대에 붙었어요. 그럼 좋은 선생님이 됐겠죠.

그런데 그렇게 훌륭한 초등교사의 자질을 갖고 있는 이 학생을 테스트할 수 있는 기제라는 것이 내신 성적 하나밖에 없다는 게 말이 되나요? 말이 안 되죠. 그런데 저는 그 다음이 더 놀라웠어요. 안타까워는 하지만, 주변 사람들이 너무나 당연하게 이 안타까운 낙방을 받아들이는 거예요. 게다가 우리들도 습자지 한 장 차이로 탈락한 그 상황을 너무나 당연하게 받아들인다는 겁니다. 승자독식이에요. 합격한 사람이 모든 것을 다 가지고, 떨어진 사람은 그 어떤 이유로도 돌이킬 수가 없어요. 한국 사회는 일종의 전쟁 상태예요. 전쟁 중에는 전쟁 상황이 가장 중요하겠죠? 그래서 일상적인 것들이 뒤로 밀려요. 죽느냐 사느냐 하는 문제니까요.

저는 국어 선생님으로서 국어 교육과정 목표에 가장 걸맞은 읽기, 말하기, 쓰기 수업을 했습니다. 아이들이 잘 모르는 수업자료를 찾아 영화도 보여주고, 글도 쓰게 하고 발표도 시키고 그래요. 그러면 아이들한테 어떤 얘기가 들려오는지 아세요? "선생님, 진도는 언제 다 나가요?" 그러면 저는 "이게 진돈데?"라고 말했어요. (웃음) 그런데 아이들은 진도는 언제 나가냐, 진짜 진도는 이게 아니라고 생각하는 거예요. 아이들이 생각하는 진도가 뭐겠어요? 시험에 나올 것, 문제집이에요. 국어 수업에서 문제집은 국어 수업의 무덤이에요. 다섯 개 중에 하나 골라내기 훈련하는 거잖아요. 주변에서는 또 이렇게 얘기를 해요. "아니, 지금 이거하고 있을 때야? 그건 나중에 해." 저는 국어 교육의 본질에 충실하려는 평범한 교사일 뿐이었어요. (웃음) 그렇지만 본질적인 것이 뒤로 밀리는 겁니다.

한국 사회는 1953년 휴전 협정으로 전쟁이 끝났다고 생각을 하지만, 생존의 현장에서는 전쟁이 계속 이어지고 있어요. 토마스 홉스라는 16세기 정치사상가는 '전쟁이라는 것은 직접 전쟁 상황뿐만 아니라, 전쟁이 일어나지 않을 거라고 안심하는 상태를 제외하고, 전쟁이 일어날지도 모른다, 이러다가는 전쟁에서 질지도 모른다고 불안해하는 그 모든 순간이 다 전쟁 상태'라고 정의를 했어요.

그래서 한국 사회는 전쟁 상태예요. '너 한 사람만 안 그런다고 되겠어?', '그런 것은 대학 가서 해라.' 이런 식입니다. 유치원생들은 초등학교 들어가기 위해서 학원을 다니고, 초등학생들은 중학교에 뒤처지지 않기 위해서, 중학생들은 특목고를 가기 위해서, 고등학생들은 좋은 대학에 가기 위해서, 좋은 대학에 간 사람들은 취직을 하기 위해서, 취직을 하고 나서는 결혼을 하기 위해서, 결혼을 하고 나면 집 사고 애 키울 자금을 마련하기 위해서, 애들 다 키우고 나면 노후 자금을 마련하기 위해서 사는 거예요. 지금 여기 이 순간은 없는 거죠.

우리 교육 문제의 근원

우리 교육 문제의 근원이 뭘까 생각해 봅니다. 한국 사회는 교육열이 아주 유별나죠. 원래부터 교육열이 되게 강했어요. 한국전쟁 당시에도 양지바른 무덤가에 애들을 모아 놓고 소나무 사이에 가마니를 걸쳐서 칠판을 매달아 수업을 하기도 했어요. 한국전쟁 당시 외국에서 온 종군기자들이 이런 피난수업 모습을 보고 다 경악할 정도였어요.

무즙파동이라고 들어 보셨나요? 1964년 경기중학교 입학시험 문제 중 실과 문제에 '엿 고을 때 고구마나 전분 가루를 계속 끓이면 액체가 되어 끈적끈적해지는데 이때 어떤 효소를 넣어 엿을 만드는 기?'라는 문제가 있었대요. 보기 중에는 디아스타제라는 답 외에 무즙도 있었대요. 그런데 당시에는 엿을 고을 때 무즙을 넣기도 했었나 봐요. 무즙을 답으로 낸 아이들 50여 명이 떨어졌어요.

당시 경기중학교는 경기고등학교, 서울대학교 이렇게 이어지는 최고 엘리트 코스였어요. 지금도 그 출신들이 우리나라를 아직도 지배하고 있습니다. 어쨌든 무즙으로 정답을 써서 떨어진 아이들이 결국 일반 중학교에 갔어요. 그래서 그 학부모들이 분을 삭일 수 없어 계속 교육청에 항의를 했지만 안 들어주었습니다. 이후 초여름쯤에 그 학생들의 학부모들이 서울시 교육청 앞에서 큰 가마솥을 걸어 놓고 무즙을 넣고 엿을 고았습니다. 신문에도 크게 났죠. 결국 교육청에서 할 수 없이 다른 중학교에 다니고 있던 그 학생들을 2학기 때부터 다 구제해서 경기중학교를 다닐 수 있게 했어요. 이게 바로 무즙파동이에요. 큰 해프닝이었어요. 그러니까 한국의 교육열이 지금만 그런 것이 아닌 거죠.

전북대학에 계시는 강준만 선생님이 쓰신 『입시전쟁 잔혹사』를 보면 이런 얘기가 나와요. 일제시대 당시 유일한 종합대학이던 경성제국대학 예과에 다니던 남학생 하나가 전차를 탔어요. 그런데 그 친구가 예쁘장한 여자 차장한테 "고것 참, 예쁜데." 하면서 희롱을 했대요. 그래서 차장과 운전기사가 합세를 해서 "경성제대생이면 다냐?"고 항의를 했어요. 그뒤 이 경성제대 학생이 자기 숙소에 들어와서는 자기가 이런 일을 겪었다고 주변에 얘기하니까, 경성제대생들 30여 명이 뭉쳐서 밤에 이 전차 운전수와 차장 합숙소에 쳐들어가서는 다 부숴 버렸어요. 기가 찹니다만, 실제 있었던 일이에요. 당시 사회가 이런 대학생들을 특권 계급으로 인정을 해 주었기 때문에 나올 수 있었던 일탈 행동인 거죠.

교육열이라고 하지만, 결국은 사람이 되기를 바라기보다는 지위 경쟁의 맨 앞에서 땀 흘려 일하는 사람들을 지배하기를 바라는 욕구에서 나온 거예요. 안타깝게도 한국 사회는 격동의 근대사를 겪어 오면서 교육이라는 출구 외에는 신분 상승을 한다거나 다른 삶을 살게끔 자신의 굴레를 벗어날 수 있는 통로라는 것이 없었어요. 한국 사람들에게 좋은 삶이라고 하는 것은 그냥 좋은 학교 나와서 좋은 직장 얻어서 그럭저럭 사는 삶 외에는 없었죠. 그 외의 상상력이라는 것 자체를 이 사회가 허용하지 않았어요. 아주 닫혀 있는 사회였습니다.

제가 고등학교 다녔던 때 얘기를 잠깐 할게요. 그때 아침 조회가 끝나면 그 전날 야간 자율 학습 빠진 애들을 복도에 일렬로 세우고 쭉 엎드리게 해요. 제가 화장실을 가려고 하면 복도는 온통 타작하는 소리로 정신이 없었어요. 당시 학생이라는 존재는 어떨 때는 야간 자율 학습 빠진 A로서, 또 어떨 때는 모의고사 몇 점 맞은 B로서만 호명되는 그런 존재였어요. 그래도 민주화가 되고 또 조금 더 먹고 살 만해지도록 경제성장이 되면 이런 것들이 좀 누그러지지 않을까 하는 기대를 분명히 했었어요. 저뿐만 아니라 모두가 그런 기대를 했었어요.

그런데 민주화와 경제성장을 통과하고 나서도 이 교육은 달라진 것이 없어요. 오히려 더 심해졌어요.

좋은 대학 나온다고 좋은 일자리를 얻는 것은 아니다

학교에 있을 때 제가 가르친 졸업생이 인사를 하러 왔어요. 제가 있던 학교는 사립이라 선생님들이 한 학교에서 오래 근무해요. 그래서 졸업한 애들이 인사차 많이 찾아와요. 보통 군대 제대했을 때, 취직했을 때, 그다음에 결혼하게 됐을 때 이런 순서로 와요. (웃음) 그 졸업생은 지방 국립대학에서도 손 꼽히는 대학에서 행정학과를 졸업한 친구였어요. 어디 취직했느냐 물으니까, 9급 공무원 시험에 합격했대요. 경쟁률이 76:1이었대요. 재수해서 붙었다는데, 되게 빨리 붙은 거라고 합니다. 그 친구가 고등학교 때 공부를 잘했거든요. 그 학과를 수시모집으로 가려면 3년 간 내신 성적이 평균 1.8등급 정도 이내여야 했어요. 수능도 언어·수학·외국어·사회탐구 네 개 중에서 두 개가 2등급 이내에 들어가야 해요. 아주 공부를 잘하는 친구죠. 그런데 대학 4년 내내 공부하고 또 재수까지 해서 9급 공무원 시험에 76:1로 합격을 한 거예요. 이 정도로 9급 공무원이라고 하는 안정적인 일자리를 갖는 것이 어려워졌어요. 갈수록 심해져요.

이것은 단순히 한국 경제에 국한적인 상황만은 아니에요. 한번은 전교 1~2등 해서 명문대 사회학과를 졸업한 여학생이 찾아온 적이 있어요. 취직이 안 돼서 외기소침한 기분을 좀 풀려고 찾이 왔대요. 그 여학생 친구들도 같이 와서 함께 밤새 이야기를 했어요. 방송국에 들어가려고 했는데 떨어졌대요. 한 2년 준비했는데 다 안 되더래요. 그래서 다음으로 대기업에 입사원서를 넣었는데 거기도 떨어졌대요. 저희 학교에서 1등 했고, 대학 잘 갔다고 현수막 붙은 친구예요. 자존심을 한껏 죽이고 중소기업에 입사원서를 넣었는데 거기도 떨어졌대요.

여러분, 이걸 어떻게 생각하세요? 저는 이게 우리 교육 문제에 있어서 제일 중요한 상황이라고 생각해요. 물론 취업난이라고 표현하는 이런 현상은 기업들이 고용에 투자를 안 해서 생겨난 문제이기도 합니다. 그렇지만 이제는 투자를 못할 수밖에 없는 환경에 있어요. 그리고 이건 세계적인 현상이에요. 세계 자본주의는 대체로 경제학자들의 판단으로는 1970년대에 이윤율 성장의 정점을 그었다는 겁니다. 더 이상 성장할 수 없을 정도까지 정점을 긋고 그후부터는 지속적인 하강 국면이라는 거예요. 그래서 세계 자본주의는 물건을 만들어 팔아서는 이윤이 안 나오니까 실물 경제로부터 비실물 부문으로, 부동산, 주식, 펀드 같은 돈 내고 돈 먹기 식의 금융자본주의로 탈바꿈했어요. 금융자본주의를 '카지노' 자본주의라고 불러요. 말하자면 도박판이라는 거죠. 전 세계에 하루 동안 움직이는 외환 거래액이 1조 달러 정도 된다고 해요. 그런데 깜짝 놀랄 일은 실물 부문, 이를테면 곡물 같은 농산물이나 공산품 같은 것들이 그중에서 3퍼센트 정도밖에 안 된답니다. 97퍼센트는 다 주식, 펀드 등 돈 내고 돈 먹기 식의 금융 부문이에요. 세계 자본주의라는 것이 이런 겁니다.

중국이나 인도 같은 나라들 때문에 지금 겨우 지탱하고 있지만, 중국이나 인도가 성장을 멈추기 시작하는 그 순간이 바로 재앙이 될 거예요. 계속 돈 놓고 돈 먹기 식으로 아주 복잡한 파생상품들을 만들어서 새끼에 새끼를 쳐서 버려 온 것이 지금의 금융자본주의거든요. 2008년 미국 리먼 브러더스 사태로 촉발된 이른바 '서브 프라임 모기지론 사태'는 들어 보셨죠? 그 사태를 어떻게 무마시켰는지 아시나요? 돈을 더 찍어 냈어요. 천문학적인 세금을 들여서 그 기업들이 안 망하게 부양해 준 거예요. 이렇게 얘기하는 것이 좀 건방진 표현이 될지는 모르겠지만 사실상 지금 세계 경제는 준準공황 상태예요. 더 이상 나아질 수가 없어요. 아까 말씀드린 중국이나 인도와 같이 아직까지 산업화가 좀 덜 되었거나 아직 진행 중인 국가들이 지탱해 주고 있을 뿐이지, 나머지 부분들에서는 이제는 더 이상 성장할 수 있는 동력이 없습니다.

결국 신자유주의 세계화라고 부르는 일련의 흐름들을 넓은 틀에서 보자면 자본이 자신들의 이윤율 감소분과 그로 인해서 생긴 리스크를 자국의 민중들 혹은 제3세계 민중들에게 떠넘겨 온 것이라고 보면 됩니다. 그렇지만 이것도 영원히 지속될 수가 없어요. 한계에 봉착해 있습니다.

민주화가 되고 경제성장이 이루어진 뒤에도 더 극악해지는 우리나라의 교육열은 이런 흐름들 속에서 설명할 수 있는 겁니다. 비유하자면 이렇습니다. 8시까지 학생들이 등교를 해야 됩니다. 7시 45분에 교문에 도착한 애들은 느긋하게 통과를 해요. 7시 50분에 도착한 이 이들도 느긋하게 통과해요. 55분 정도 되면 애들이 조금 마음이 급해지는데, 어떤 학급은 교문을 8시에 통과하는 것이 아니라 교실에 8시까지 들어와 있어야 한다는 규칙을 가진 데도 있으니까 차츰 뛰는 애들도 생겨요. 이제 7시 58분, 59분 되면 애들이 이제 교문 앞에서부터 슬슬 뛰기 시작해요. 자, 8시가 되면 문이 스르르 닫혀요. 그러면 어떻게 되지요? 통과하기 위해서 미친 듯이 뛰겠죠? 8시가 되면 정문은 닫아 버리고 쪽문만 열어 놓고 한 명씩 '조지는' 학교들이 많잖아요. (웃음) 대부분 애들이 뛰는데, 포기하는 애들이 있어요. 노는 애들이죠. 이 아이들은 학교 근처에서 담배 한 대 피우고, 담임 조회가 끝나고 1교시 시작하기 전에 담치기해서 들어와요. 고로 포기한 아이들 혹은 의욕이 없는 친구들을 제외한 나머지 사람들은 다 총력전으로 달리기를 하는 거예요. 문이 활짝 열려 있을 때는 느긋하게 통과를 하다가 문이 스르르 닫히려고 하니까 전력 질주를 시작하게 되는, 이것이 오늘날의 교육열에 대한 하나의 비유가 아닐까 저는 생각해요.

이제는 좋은 대학 나와서 좋은 일자리를 얻는다는 가능성 자체가 희박해지고 있어요. 우리 사회의 교육열은 경쟁의 말기적 증상이라고 저는 단언합니다. 지금 대학을 나와서 놀고 있는 친구들이 너무 많아요. 유태인 거주 지역을 '게토ghetto'라고 하는데, 지방 사립대학, 지방 전문대학은 지금 게토화되어 있어요. 군대 갔다 오고 나면 학생들이 다시 복학을 잘 안 하려고 한답니다. 그런 친구들을 많이 봤어요. 전망이 없으니까요.

한편 부모님들은 일터에 나가야 하기 때문에 아이를 돌볼 수가 없어요. IMF 이후에 특히 이런 현상이 심해졌는데, 마트 계산대에서 계산원이라도 해야 해요. 그래야 아이 학원비를 버니까요.

지금 학교는 사실상 껍데기만 남아 있어요. 고등학교는 대체로 그래요. 학교에 오면 학생들이 다 자요. 여러분들도 많이 자죠? (웃음) 아이들은 다 자고 있고 선생님이 몇 사람만 데리고 수업을 하고, 나중에는 그 아이들도 다 자고, 결국 선생님 혼자서 떠들다가 종 치면 나가는 상황이죠.

고래 배 속에서 살아남기 :
질문하기, 빠져나오기, 홀로 존재하기, 친구 찾아가기

지금까지 한국의 교육 현실에 대해 말씀드렸습니다. 이제 저는 이 것을 극복하는 애기를 하려고 합니다. 여러분이 살아갈 시대는 확실히 지금껏 기성 세대가 살아왔던 시대와는 많이 다를 겁니다. 기성 세대는 대단히 예외적인 풍요를 누렸던 세대일 겁니다. 여러분은 이 제 가난하게 살 각오를 해야 되고, 가난하게 살 연습을 지금부터 해야 돼요. 그리고 학교가 그걸 가르쳐야 하는데 학교가 그것을 가르칠 가능성이 별로 없다고 생각합니다. 저 혼자서 만들어 본 제 인생의 모토가 있어요. 이제 여러분의 모토로 들려드리고 싶어요.

첫째, '질문하기'입니다. '이런 학교, 왜 다니지?', '누구 좋으라고 다니는 거지?', '왜 학교를 다녀야만 하지?', '언제부터 이렇게 가야만 했었지?', '12년간, 대학까지 16년간 공부하고 나면 어떤 존재가 되어 있을까?' 라는 질문입니다. 사람들은 자신을 예외자로 믿는 자기 암시 같은 게 있어요. 제가 있었던 학교는 한 학년이 200명이에요. 이 중에서 서울대학교는 지역균형 선발로 한 명 혹은 두 명 정도 가요. 연세대, 고려대까지 해서 네 다섯 명 가면 잘 갔다고 현수막을 붙여요. 고등학교를 막 입학하는 신입생들 중에서는 네다섯 명이 아니라 한 50명 정도가 그런 꿈을 갖고 있고, 현수막에 이름이 붙는 선배들과 자기를 동일시해요. 그렇게 자기만큼은 다를 거라고 생각해야만 견딜 수가 있으니까요. 그렇지만 결과는 그렇지 않잖아요. 결국 서서히 받아들일 수밖에 없어요. 그렇기 때문에 질문을 해야 합니다. '나는 학교를 졸업했을 때 뭐가 되어 있을까?', '이것이 과연 교육인가?', '이렇게 사는 것이 맞나?' 라고요.

프리모 레비라는 이탈리아 화학자가 있었어요. 유태인이었는데, 아주 끔찍한 수용소 체험을 했어요. 일생토록 자신의 유태인 수용소의 체험을 지식인 사회에 증언하는 일을 해 왔어요. 그분이 자신의 수용소 체험을 쓴 책이 있습니다. 제목이 『이것이 인간인가』입니다. '이것이 인간인가.' 저는 굉장히 중요한 질문이라고 생각해요. 아우슈비츠가 우리에게 준 가장 중요한 질문이라고 생각해요. 인간의 끔찍함과 잔학함의 극단을 한번 보고서 그 극단의 선상에서 인간이란 존재를 보고자 했던 겁니다. 마찬가지로 여러분에게 '이것이 과연 삶인가?', '이것이 교육인가?' 하는 질문은 너무나 중요합니다. 답이 없을 수 있지만, 질문을 통해서 우리는 새롭게 인식의 지평을 넓힐 수 있습니다.

그리고 중요한 것은 '빠져나오기'예요. 나 하나 빠져나온다고 무슨 힘이 있을까요? 아무런 파장이 없어요. 그렇지만 자기의 몫만큼은 빠져나오게 돼요. 간디에게 큰 영향을 줬던 헨리 데이비드 소로라는 미국의 지식인이 있습니다. 그가 쓴 『월든』이라는 책 혹시 보셨나요? 미국의 교과서에도 실려 있어요. 자연의 아름다움에 관한 아주 영감 넘치는 대단한 에세이입니다.

그는 불복종 운동의 선구자로 〈시민 불복종Civil Disobedience〉이라는 유명한 연설문을 남겼어요. 여러분도 한번 읽어 보세요. 이 글에서 그는 "미국의 노예제도를 단 한 명의 사람이라도 부정하고 저항한 사람이 있다면, 그로 인해서 미국의 노예제도는 이미 폐지된 것이다."라고 얘기해요. '그로 인해서'라는 이 말엔 약간 신비주의적인 뉘앙스가 있죠. 나 한 명이 빠져나옴으로 인해서, 산술적으로 따졌을 때의 n분의 1이 아니라, 사실은 나에게서만큼은 자기의 세상 속에서 이긴 거예요. 세상은 다 각자의 세상이기 때문이죠. 자기가 죽으면 세상도 함께 죽는 겁니다. 각자의 세상은 인간의 숫자만큼 생명의 숫자만큼 별개로 존재하는 겁니다.

그리고 '홀로 존재하기'입니다. 고래 배 속에서 이물질로 '개기는' 겁니다. 우리는 고래 배 속이라는 체제 속에 삼켜져 있어요. 그렇지만 내가 이물질로서 꼼지락거리면 이 조그마한 이물질이 고래를 지속적으로 힘들게 해요. 학교에서 선생님들이 제일 힘들어 하는 학

'생이 누구냐 하면, '게기는' 애들이에요. 제가 중딩 때, "우리 이번 주말에 같이 자전거 타고 어디 놀러 가자."고 이벤트를 제안해요. 그러면 절반 정도는 환호를 해요. 대체로 없던 이벤트가 생기니 뭔가 기대들을 해요. 그런데 귀차니스트들이 있죠? 한두 녀석이 몸을 꼬면서 "아, 진짜 싫어요. 재미없어요." 하고 개겨요. 그러면 선생님인 저는 좋아서 환호성 지르는 다수 애들보다 그 한두 명이 신경 쓰여요. 그래서 때로는 그 한두 명 때문에 전체의 진로가 바뀌기도 합니다. 고래 배 속에 있는 이물질이 한 명이지만 지속적으로 꼼지락거리면 고래도 방향을 트는 겁니다.

그리고 '친구 찾아가기'가 중요합니다. 친구가 참 중요한 것 같아요. 제도 교육이 다 악일까요? 그렇지는 않아요. 학교를 버틸 수 있는 것은 친구가 있어서예요. 밤이 캄캄할수록 별이 더 반짝여요. 캄캄한 밤에 누가 성냥불 하나만 그어도 그 불이 아주 환해서, 그 불로 주변이 환해지고, 그 불은 멀리서도 보이고, 그 불을 찾아서 누군가 와요. 만약 우리가 여기에 머물러야 한다면, 그럴 수밖에 없는 필연이 있고, 벗어날 용기가 없다면 버티면서 친구와 연대하고 이겨내야 해요.

여기는 지옥이고 저기는 천국이고 그렇지 않습니다. 다른 데를 가면 또 거기서도 똑같은 문제가 생기게 되어 있어요. 인간이란 존재는 기본적으로 그래요. 여기에 있는 문제가 저기 가면 없어질까요? 아닙니다. 똑같은 문제가 항상 생기게 되어 있어요.

저는 대안 교육이라고 하는 체제가 답이 된다고 생각하지 않습니다. 이 자리에서 끊임없이 질문하고 부정하고 저항하고 빠져나오고 홀로 존재하고 개기고 친구 찾아가고 몸으로 배우고 하는 것들은 어느 공간에서든 다 가능한 거예요.

머리로 공부하고 몸으로 때우기

5세기경에 사셨던 가톨릭 성인 중에 베네딕트라는 분이 계세요. 기독교는 로마 황제에 의해서 4세기 말에 국교가 됐지만, 그전까지 기독교는 저항자의 종교였어요. 지하에서 카타콤이라고 부르는 곳에서 몰래 예배를 보다가 사람들 사이에 퍼져서 결국 국교가 되었는데, 그때 베네딕트 성인은 국교가 된 이후 교회의 타락과 방종을 보면서 위기의식을 느꼈어요. 초기 기독교의 모습은 서로 사랑으로 감싸주고, 나누고, 누구든 환대하고, 고난을 묵묵히 견디면서 지금 사는 이곳을 '하늘 나라'로 만드는 운동이었어요. 참으로 아름다운 모습이었거든요. 그런데 기독교가 국교가 되면서 그런 정신과 멀어지고, 특권층과 지배자의 종교가 되리라는 위기의식이 있었던 것 같아요. 이분의 모토는 '기도'와 '노동' 이 두 가지였어요. 인간이 구원받는 데에는 복잡한 교리에 대한 공부나 아카데믹한 지식이 필요하지 않고, 기도할 줄 아는 능력과 노동할 줄 아는 두 손과 발이 있으면 된다는 거였어요. 지금도 베네딕트 성인의 이름을 딴 수도원들은 다 '힘써 일하고 기도하라'는 것이 모토예요. 그리고 자급자족을 해요.

그런데 저는 베네딕트 성인을 보면서, 무엇인가 제 뇌리를 강하게

치는 것이 있었어요. 교육이 불가능한 시대에서 우리가 긴 인생을 배우길 원하고 다른 삶을 원한다면, 우리가 행동하는 데 중심 방향을 잡아 줄 수 있는 것이 바로 '기도'와 '노동'이라는 생각 때문이에요. 이걸 근대적 언어로 옮기자면 바로 '인문학'과 '농업'일 것이라는 새삼스런 발견이자 강렬한 깨달음이었어요.

농업은 몸으로 하는 교육의 은유인 것이고, 인문학은 기본적으로는 쓸모없는 것입니다. 쓸모 있으면 안 돼요. 쓸모를 찾는 그 순간부터 인문학은 인문학이 아닌 거예요. 쓸모가 없기 때문에 인문학은 사람으로 하여금 깊이 생각하고 삶을 바꾸는 쓸모를 가질 수 있는 것입니다. 인문학은 크게 세 부분이 있어요. 문학과 역사와 철학이에요. 문학은 이야기예요. 역사라는 것은 우리가 지금껏 이렇게 오게 된 내력을 공부하는 거예요. 역사를 알아야 우리가 지금 왜 이렇게 사는지 알 수 있어요. 철학은, 여름에도 바바리코트를 질질 끌고 수염 텁수룩하게 하고 다니는 고뇌에 찬 '또라이'를 상상하는데, 그렇지 않아요. (웃음) 정말 중요한 것이 철학입니다. 돈이 된다면 인간을 죽일 수도 있는 프로젝트를 추진할 것인지, 자본의 시선에서는 전혀 합리적이지 않지만 인간의 가치를 좇을 것인지가 그 사람이 가진 철학에서 갈라져요. 공부로만 되는 것이 아니에요. 이걸 질문하고 캐묻는 것이 인문학이에요.

삶에 관한 또 하나 중요한 축이 바로 육체노동입니다. 학교가 아이들과 함께 몸으로만 부대끼는 곳이었다면 얼마나 좋았을까, 맨날 앉아서 일제고사 문제만 풀게 하지 말고, 밴드도 하고, 오케스트라도 하고, 공도 차고, 농사도 짓고, 자전거 타고 돌아다니기도 하면 얼마나 좋았을까, 이러면 왕따가 과연 생길 수 있을 것이며 무시무시한 폭력들이 과연 이렇게 창궐할 수 있을까 생각해 봅니다. 제가 봤을 때 몸의 교육이 공교육 속에서 실현될 가능성은 현재로서는 그렇게 크지 않아요. 결국 우리가 스스로 찾아가서 배우고 지금 여기서부터 스스로 즐기기 시작해야 하는 거예요.

지금의 자리에서 용감하게 '작은 진지'를 만들자

앞으로 약자들의 삶이 참 중요해져요. 지금처럼 준공황 상태에서 가장 직격탄을 맞는 사람들은 약자들이에요. 노인, 장애인, 비정규직, 실업자, 이런 이들이 정말 중요해집니다.

약자들과 어떻게 더불어 살아야 할 것인가가 이 시대의 화두가 될 겁니다. 그리고 어쩌면 그 속에서 경쟁과 승자독식의 시스템에서 고통스러웠던 우리 자신이 치유 받을 수 있어요. 원래는 열정적인 사회주의자였는데 나중에 가톨릭으로 개종한 도로시 데이가 그랬습니다. "나는 이분들에게 감사한다. 이분들이 있었기 때문에 사실 내가 있을 수 있었다."고 말이에요. 놀랍게도 캘커타의 성녀 마더 테레사 수녀도 똑같은 말을 했어요. "나는 나를 있게 해 준 이 캘커타의 비참과 야만에 감사한다."고요.

도로시 데이가 젊은 시절에 세계 대공황이 시작되었어요. 사람들이 일자리를 달라, 빵을 달라며 거지꼴을 하고 행진하는 풍경을 취재하다가 스스로 슬픔을 견디지 못하고, 인근에 있는 성당에 가서 하느님께 기도를 했어요. 이 사람들을 위해 자신을 도구로 써 달라는 간절한 기도를 바쳤습니다. 그때부터 다른 삶을 살기 시작한 거죠. 도로시 데이는 같은 뜻을 가진 피터 모린이라는 떠돌이 설교자와 함께 '환대의 집'이란 걸 열어요. 아무나 오면 빵과 수프를 나눠 주고 그들의 얘기를 들어줘요. 아픈 사람 있으면 병원에 보내 주고, 다른 한편 미국 사회의 폐부를 찌르는 온갖 사회운동 현장에서 몸으로 싸우는 일을 일생토록 이어 갔어요. 그는 미국 남부를 돌아다니면서 KKK단의 테러 위협까지 받으면서도 흑인 인권을 위해 싸웠고, 베트남전에 반대하는 운동을 했어요. 76세 때에는 농민들 싸움을 지지하다가 감옥까지 갔어요. 이분이 돌아가실 때까지 했던 일은 환대의 집을 찾아오는 이들을 대접하고, 돌봐 주는 일이었어요.

저는 여러분들이 좀 더 용감하게 생각하고 용감하게 행동하고 질문할 수 있기를 바랍니다. 공부 못하는 것이 걱정이라고요? 괜찮아요. 공부 잘해도 별 볼일 없어요. 이제 공부를 잘해 본들 공부로서 얻을 수 있는 물질적 유익이 없어요. 그리고 우리가 살아갈 시대는 지금과는 급격하게 다른 시대가 될 것이 확실해요.

결국, '작은 진지'가 중요하다고 생각합니다. 중요한 것은 스스로 판단하고 생각하는 사람들이 있느냐, 그들이 고립되지 않고 서로 연대하고 있느냐, 이것입니다. 세상의 프레임으로부터 자유로운 사람, 지배 논리에 대해 스스로 생각하는 사람이 중요한 거예요. 결국 우리

스스로 '작은 거점', '작은 진지'를 만들어서 우리끼리 우리 사이에서 서서히 퍼져 나가는 것이 세상을 바꿔 나가는 길이 될 것입니다. 남이 해 주는 일이 아닌 겁니다. 우리 자신이 지금 여기서부터 시작해야 하는 일입니다. 그것이 바로 희망이라고 저는 생각합니다.

땅에 발을 붙이고 더불어 굳건하게 살아가기

청소년 선생님은 약한 사람과 함께한 도로시 데이에 대해서 말씀하셨는데요. 약자에 대한 연민이란 것에 대해서 어떻게 생각하세요?

이계삼 네, 중요하고 좋은 질문이에요. 도로시 데이가 평생토록 좋아했던 『빵과 포도주』라는 작품 중에 다음과 같은 대목이 나와요.

이탈리아의 한 사회주의자가 주인공인데요. 그는 독재자 무솔리니 치하에서 탄압을 심하게 받게 되자 지하로 숨어들어 신부로 위장하고 지내게 됩니다. 이 사람은 대중들 앞에서 폼 잡기나 좋아하고 사람들을 이끌려고만 하는 영혼의 깊이가 없는 다른 사회주의자들을 경멸했어요. 신부로 위장한 이분이 어느 날 우리나라로 치면 '심방' 비슷한 걸 다니다가 아주 빼빼하고 남루한 젊은 남자를 만나게 됩니다. 맨발에 옷은 찢어져 있는데 눈빛이 아주 선량해 보이는 젊은 남자였어요.

그 사람의 낡은 오두막에 가서 대화를, 아니 대화라기보다 혼자서

믹 띠들있대요. 자기가 그 순긴민큼은 자기 속내에 있는 애기를 다 한다고 느끼면서 사회주의에 대한 기대를 이야기했어요. 그런데 그 남루한 젊은 남자는 그냥 듣고만 있었어요. 그러다 여관 주인이 신부 님에게 저녁 식사하러 오라고 부르러 왔어요. 신부는 지금 대화를 해야 한다고 저녁은 괜찮다고 말하니까, 그 여관 주인이 하는 말이 그 사람은 들을 수도 없고 말도 할 수 없는 사람이다, 그걸 아직 몰랐느냐고 말하는 거예요. 그 얘기를 듣는 순간 신부가 그 젊고 남루한 남자를 바라보았는데, 그 남자의 눈에 눈물이 막 차오르기 시작했대요.

바로 이 대목을 읽으면서 도로시 데이가 펑펑 울었답니다. 그리고 평생을 보고 또 봐도 자기는 이 대목에서 눈물이 난다는 거예요. 도로시 데이는 이 대목에서 여러 가지 모습을 본다고 자서전에서 말합니다. 하나는 젊은 시절 사귀었던 남자 친구가 병약하고 순수하고 맑은 사람이었는데, 그 사람이 떠올라서이기도 했고, 자기 집에 끊임없이 찾아오는 가난하고 선한 사람들의 얼굴이 보이기도 했기 때문인 거죠.

그리고 도로시 데이 자신의 모습을 그 위장한 신부에게서 보았을지도 모를 일입니다. 들을 수도 없고 말할 수도 없는 사람에게 자기는 그래도 진심이랍시고 사회주의 이상에 대해서 막 설교하고 가르치려고 했던, 신부의 모습에 비쳐 보인 자신의 과거에 대한 회한일 수 있겠죠. 남루한 벙어리이며 귀머거리인 젊은 남자는 신부님이 여관 주인의 말을 듣고서야 자신이 어떤 사람인지를 알아봐 주는구나 하고 생각했을 때 다가오는 느낌이 있었을 거예요. 그건 자기가 장애인이라는 것이 신부에게 알려졌다는 사실이 주는 부끄러움도 있을 테고, 또 한편으로는 그제서야 온전한 자기를 알아봐 줬다는 반가움 내지는 고마움 때문에 눈물이 차올랐을 거예요. 서로가 서로를 이제 바라보는 거예요. 신부, 장애인, 가난, 이런 장벽을 다 걷고 한 인간으로 서로를 바라보는 거예요. 고맙겠지요. 그래서 눈에 눈물이 차오르는 거였겠죠.

어쨌든 저는 인간으로 잘 살기 위해서는 앞에서 말한 남자의 눈에 차오르는 눈물을 바라볼 줄 아는 것이 중요하다고 생각합니다. 진정한 연민이란 그의 운명을 자신의 것으로, 그를 내 친구로 받아들일 수 있는 마음일 겁니다.

영국의 철학자이자 사회운동가이기도 했던 버트런드 러셀이 자서전에서 자신의 삶을 회고하면서 이런 얘기를 했어요. "나는 천상으로 올라갈 수 있었던 사람이다. 사랑 때문에, 사랑의 기쁨 때문에, 그리고 내가 갖고 있는 지식 때문에, 배움의 기쁨 때문에 천상으로 갈 수 있었다. 그런데 천상으로 올라가려고 하는 나를 사람 사는 이 지상으로 다리를 끌어당겨서 땅에 붙여 준 것은 바로 연민이었다."라고요.

멀리 바라보고, 내가 할 수 있는 만큼 노력하고 실천하기

청소년 저는 중학교 때는 공부 잘하는 애들도 많고 노는 애들도 많은 학교에 다녔어요. 누는 애들은 아무리 학교에서 지도한다고 따로 감시하고 때리고 학교에 남기고 그렇게 해도 끝까지 음지로 가더라고요. 제 친구 중에서 그런 쪽으로 가까워진 애들을 봐서 아는데, 자꾸 간섭하면 피해 가고 점점 엉뚱한 데로 가고 점점 더 나빠지더라고요. 이런 나빠져 가는 애들도 어떻게 해 줘야 하거나 어느 정도 정상적인 삶을 살도록 도와줘야 하잖아요. 어떤 방법이 있을까요?

이계삼 내가 세상을 다 구원하거나 세상의 힘들고 어려운 사람들을 다 도울 수 있다고 생각하는 것 자체가 교만이라고 생각해요. 그렇지만 그 생각 속에는 무슨 방법이 없을까 하는 고민이 들어 있긴 해요. 방법은 대체로 의제가 되고 정책이 되고 권력의 문제가 되어 버립니다. 그래서 그 수단에는 동의를 하지 않지만 목적이 너무나 고귀하기 때문에 나쁜 수단을 써서라도 권력을 잡아야 한다, 권력을 쥐어야만 이런 문제들을 해결하고, 누군가를 도울 수 있을 것이다, 힘이 센 사람만이 도울 수 있다는 거대한 착각을 하게 됩니다.

도로시 데이는 일절 국가의 도움을 거절했어요. 환대라고 하는 것은 환대 그 자체이기 때문에 국가의 손을 절대로 빌리지 않겠다고 말이죠. 만약에 좋은 정권이 들어서서 국가적인 예산을 투입해서 힘든 아이들, 사고를 저지른 사람들을 위한 상담소, 재활프로그램, 수용시설들을 많이 만들었다고 한다면, 과연 그 시설에 들어간 아이들이 자기 상처를 치유하고 다시 원래의 세상으로 복귀해서 잘 살 수 있을까요? 저는 회의적이에요. 아픔이라든지 상처라고 하는 것은 아주 내

면적이고 개인적인 것이거든요. 이것이 사회적인 프로그램으로 의제화되는 순간 아픔과 슬픔이 아니라 치유되어야 하는 질병이 되어 버려요. 그리고 거기에 들어간 사람은 상담사에게는 상담을 해 줘야 할 어떤 대상이 되고, 또 거기에 있는 교사에게는 시설에 있는 사람들이 교정되어야 할 어떤 것으로 되어 버립니다. 중요한 것은 그 친구들이 갖고 있는 슬픔과 아픔은 사회의 병리적인 것 때문이라는 겁니다. 그 친구는 사회의 병리적인 것들을 불쌍하게 몸으로 체현한 존재일 뿐인 거죠.

여러분이 뛰어난 전문가 혹은 국가가 들어와서 시설을 만들고 이런 친구들을 도와주고 치유해 주기를 바라는 그 순간부터 이 문제는 내 문제가 아니고 전문가의 문제, 국가의 문제가 되어 버려요. 남의 문제가 되어 버리죠. 그리고 그 문제는 치유될 수 없게 돼요. 우리가 어려워하고 힘들어 보이는 문제들은 그 개인의 문제가 아니에요. 그 사람을 문제적인 사람으로 만든 사회, 조건, 부모와 어른들의 문제인 거예요.

내가 할 일이 있기 때문에 내가 할 수 있는 만큼은 해야겠다고 마음먹어 보세요. 그리고 나처럼 생각하는 친구들이 있다면 함께 이야기를 하세요. 같이 고민하고 그저 상처를 함께 견딘다는 생각으로 곁에 있어 주세요. 할 수 있는 시간만큼, 내가 투여할 수 있는 정성 만큼만요. 그럴 리는 없겠지만, 그렇게 할 생각이 없다면 이 문제는 지금 질문한 친구 자신의 문제가 아닌 거예요.

오늘 여러분 앞에서 혼자 많이 떠들었네요. 늘 절실하게 생각해 오던 것을 이야기하게 되어서 저도 기뻤습니다. 저는 비록 학교를 떠났지만, 늘 여러분 같은 이들의 친구로 일생토록 살고 싶습니다. 꼭 다시 만나기를 바랍니다. 고맙습니다.

주민이 100명이면 마을이 100개

-성미산 마을공동체 이야기

유창복
서울시 마을공동체 종합지원센터장

이해도 안 되는 차이를 내가 인정할 수밖에 없어요. 차이라는 걸 제가 인정하게 됐고, 그 차이와 공존하는 감수성이 조금씩 생기기 시작했던 것 같아요. 제가 뛰어난 깨달음이 있어서가 아니라, 이사 가자니 너무 번거로워서요. 아이는 여기서 계속 키우고 싶은데 이사는 못 가겠고, 방법이 없더라고요. 이렇게 협동을 하기로 마음먹은 사람들이 너무 힘든 협동의 과정을 이어갈 수 있게 했던 것은 결국 소통이었다는 겁니다.

유창복
대학에 입학하던 해, 광주 참사를 듣고 1980년대를 거리에서, 노동 현장에서 보냈다. 1996년 성미산마을에 깃들어 〈마포두레생협〉을 함께하고, 〈성미산학교〉를 만들었다. 마을카페 〈작은나무〉의 운영위원, 〈성미산 마을극장〉의 대표 노릇을 했다. 지금은 (사)마을의 대표이며, 서울시 마을공동체 종합지원센터장을 맡고 있다. 성미산마을에서는 '짱가'로 불린다. 『우린 마을에서 논다』를 펴냈다.

주민이 100명이면 마을이 100개

-성미산 마을공동체 이야기

안녕하세요. 유창복이라고 합니다. 제가 성미산마을에 산 지 벌써 17년이 되었네요. 아이가 여섯 살 때 마포구 성산동에 흘러들어 정착을 하게 됐습니다. 그전에는 사실 2년 또는 4년마다, 전세 기한을 간격으로 메뚜기처럼 이사를 다녔어요.

저는 위로 형이 둘 있고 제가 막내입니다. 태어난 지 한 달도 안 된 저는, 먹고살 길을 찾아 나선 부모님을 따라 상경해서 미아리라는 서울의 변두리 동네에서 어린 시절을 보냈어요. 스무 살이 되고 고등학교를 졸업하고 대학생이 되면서 저는 마을을 떠나 꿈을 찾아서 이곳저곳을 흘러다니듯 젊은 시절을 보냈습니다. 그러다가 결혼을 하고 아이가 생기면서 아이를 어떻게 키워야 하나, 너무 심란하고 걱정되고 고민하다가 성미산마을에 들어오게 됐어요.

성미산마을에서 보낸 20년 가까운 세월은 제 아이를 키운 시간이니, 제가 지금까지 살아온 인생에 있어서 아주 중요한 시절이에요. 그래서 저에게 성미산마을은 제2의 고향이라 해도 과언이 아니에요. 어린 시절을 이곳에서 보낸 우리 아이에게는 여기가 고향이나 다름 없겠지요. 우리 아이도 스무 살이 되자 저처럼 꿈을 찾아서 마을을 떠나 객지로 갔어요.

모두가 주인공인 성미산마을

　오늘은 성미산마을에 대한 자랑을 좀 하려고 해요. 그런데 제가 미리 말씀드릴 것이 있어요. 성미산마을에 대해서, 물론 좋은 이야기가 많은 것은 사실인데, 신문이나 언론이 너무 좋게 기사를 썼지요. 세간에 알려진 성미산마을에 관한 이야기는 사실 '사진발'이에요. (웃음) 서울 대도시 한복판에서 어떻게 동네 사람들끼리 그렇게 정을 나누면서 잘 사는지 참 신기하고 신통하다는 마음으로 칭찬하듯이 이야기하다 보니까 좋은 이야기만 돌아다니는 것 같아요. 실상은 맨날 싸워요. 아침에 싸우고 저녁에 화해하고, 그리고 다음날에 또 싸워요.

　그래서 언제인가는 "우리가 잘 살자고 모여서 왜 이렇게 싸우느냐, 이 문제를 좀 해결해 보자." 해서 토론을 하기 시작했는데 답이 금방 나왔어요. 뭐라고 답이 나왔을까요? 여러분들은 아마 20년도 채 안 사신 분들이지만, 그동안 살아오면서 누구랑 제일 많이 싸우셨어요? (청소년 : 엄마.) 그렇죠, 엄마. 제가 엄마들한테 물어보면요, 아빠랑 많이 싸웠다 그리고 그 다음에는 새끼들하고 제일 많이 싸웠다고 합니다. 결국 가족들하고 제일 많이 싸우는 거예요. 참 이상하죠? 그렇게 죽고 못 산다고 만나서 바로 싸워요. (웃음) 그 다음에는 누구랑 싸울까요? 직장에서 싸우면 쫓겨나니까 안 되죠. 동지들이랑 제일 많이 싸워요. 뜻을 같이하는 사람하고 제일 많이 싸워요. 좋은 일 하자고 모인 사람들끼리 제일 많이 싸운다는 겁니다. 가만히 생각해 보세요. 당연한 거예요. 사랑하고, 좋아하고, 뜻을 같이 하고, 함께 가고 싶기 때문에 많이 부딪쳐요. 요구도 많아요. 그래서 상대한테 부족감을 가장 많이 느끼는지도 몰라요. 관심이 없거나 미우면 쳐다보지도 않아요. 싸울 일도 없어요.

토론을 하자마자 '아, 우리가 싸우는 것이 문제가 아니구나.' 이런 깨달음이 금방 생긴 거예요. 그럼 정작 문제는 뭘까요? 싸웠다고 삐지는 거요? 삐지는 거야 삐질 수 있잖아요, 사람인데. '삐졌다고 헤어지는 것이 문제구나!' 이런 깨달음이 생겼어요. 그래서 목표가 바뀌었어요. 싸우지 않으려고 회피하는 것이 아니라, 매일 싸우는 것이 목표가 됐어요. 오늘도 싸우고, 내일도 싸우고, 모레도 싸우고, 그리고 싸웠다고 헤어지지 말고, 만나서 우리 다시 또 싸우자, 이게 마을살이의 목표가 됐어요.

아이러니하죠? 또 하나의 변화는, 제가 예전에는 사람들이 무슨 기분 나쁜 얘기를 해도 화를 별로 안 냈어요. 꾹꾹 참았어요. '싸우면 안 되지, 내가 여기서 표정 관리 잘해야지, 내 마음을 잘 다스려야지.' 이렇게 생각하니까 화가 나다가도 좀 수그러들고 어느 정도까진 다스려졌어요. 그런데 한동안 참으니까 화가 쌓여서 잠이 안 와요. 몸은 막 아프기 시작하고 얼굴이 일그러져요. 표정 관리가 안 되는 거죠. 그런데 매일 싸우는 것이 우리가 함께 사는 길이란 깨달음이 생기고 나서는 제 태도가 바뀌었어요. 화나면 애써 참지 않아요. 그러니까 쌓이는 것도 없고 좋아요. 더 새로운 변화는 그 다음이에요. 제가 화를 내니까 다른 사람이 저한테 화내는 게 별로 노엽지가 않아요. '와, 너도 힘들었구나? 그래, 화낼 만하지. 나도 이럴 때 무지 화나더라. 화내니까 속이 다 시원하더라.' 이런 생각이 들어요. 뒤끝도 없고요.

제가 마을에서 거의 17년을 살면서 얻은 평정이랄까요? '이제 나이 들어 철드나?' 이런 생각도 하면서 즐겁게 마을살이를 하고 있습니다.

성미산을 지켜낸 3 · 13대첩

성미산마을의 상징인 성미산에 대한 얘기부터 시작해 보겠습니다. 성미산은 우리 주민들에게는 대단한 산입니다. 이 산 높이가 얼마나 되는지 아세요? 아주 낮아요. 해발 67미터밖에 안 됩니다. 땅바닥에서는 50미터도 안 될 거예요. (웃음) 산이라고 하기엔 좀 민망하죠. 하지만 우리들에게는 설악산, 지리산이 하나도 안 부러운 소중한 산입니다. 집에서 산꼭대기까지 올라가는 데 5분 걸려요. 돌아서면 바로 산이 보입니다.

저희는 매년 5월이나 6월초가 되면 축제를 해요. 이 축제 때, 〈성미산은 ○○○이야〉라는 놀이를 해 봤어요. 몇 글자로 나름대로 정의해서 말을 넣어 보는 놀이 아시죠? 어떤 할머니가 "성미산은 종합병원이야"라고 하시더라고요. 왜 그런가 여쭸더니, 허리 아픈 사람, 다리 아픈 사람, 목 아픈 사람, 천식 있는 사람, 위장병 등 온갖 병 걸린 사람들이 다 산에 올라가서 나으신대요. 이 산은 남녀노소를 절대 가리지 않는대요. 더 중요한 것은, 있는 사람 없는 사람은 절대 안 가리고 다 받아준대요. '아, 이 산이 이렇구나.' 하고 깨달았죠.

그런데 이 산이 없어질 위기에 처합니다. 이명박 전 대통령이 2001년도에 서울시장을 하셨는데 그때 그분이 아랫사람 시켜서 이 산을 없애 버리겠다고 발표를 합니다. 동네에서 난리가 났죠. 깜짝 놀랬어요. 왜 그러냐고 물었더니, 배수지를 지어 주겠대요. 산꼭대기를 깎아 내고 거기에 콘크리트로 커다란 물탱크를 만들어서 밤에 물을 채웠다가 낮에 수돗물을 주겠다는 겁니다. 깨끗한 물을 수압 좋게 주겠다는 일종의 공익시설인 셈이지요. 여러 사람한테 깨끗한 물을 준다고 하니까 좋은데 왜 하필 산을 헐어야 하느냐는 것이지요. 고민에 빠졌어요. 그래서 상수도 사업본부에 찾아가서 꼭 산을 헐어야 되냐, 이 방법밖엔 없느냐 물으니 공무원들이 한마디로 "그렇다."는 거예요. 그래서 그냥 돌아왔어요.

그런데 이게 거짓말이라는 게 들통 나는 데 일주일도 안 걸렸어요. 동네 엄마들이 인터넷을 싹 뒤져 봤는데, 이미 유럽에서는 30년 전부터 배수지를 짓겠다고 산을 허무는 멍청한 짓은 안 하기로 했다는 거예요. OECD 가입했다고 자랑할 땐 언제고, OECD 가입한 지가 언젠데, 이미 선진국에서 30~40년 전에 포기한 말도 안 되는 방법을 다시 쓴다는 것이 하도 엉터리 같아서 다시 찾아갔어요. 유럽에서는 안 쓴다던데, 진짜 이 방법밖에는 없느냐 물었더니 이 공무원들 말이, 방법 있으면 당신들이 한번 알아봐서 알려 달라는 거예요. 여기서 주민들이 화가 확 치밀었어요. "전문가라고 해서 우리가 세금 내서 월급

주고 그 방법 찾으라고 자리에 앉혔더니, 우리보고 방법을 찾아오라고 하는 법이 세상에 어디 있나. 못된 사람들 같으니."

이때부터 주민들의 요구는 딱 한 가지였어요. 공청회 한 번만 하자는 거였죠. 전문가와 주민들이 모인 공청회 자리에서 이게 최선이라고 결론이 나면 우리는 토 안 달겠다고, 공청회 한 번만 하자고 했어요. 그런데 이 공청회 한 번 여는 데 얼마나 걸렸을까요? 2년이 걸렸어요. 2년 동안 진짜 동네 할아버지, 할머니, 애들 다 징그럽게 싸워서 공청회를 했어요. 2년 동안 성미산 공청회를 얻어 내려고 한 싸움을, 줄거리만 얘기해도 3박 4일로는 부족해요. 2년 동안 있었던 일 중에 딱 하루만 얘기할게요.

2003년 3월 13일의 일입니다. 여러분 백골단이라고 아세요? 모르시죠? '흰 백白'자에, '뼈 골骨'자. 머리가 허옇다고 백골단인데, 이분들이 흰색 헬멧을 쓰고 나타납니다. 그런데 진정한 백골단은 헬멧을 벗겨 봐야 알아요. 벗기면 깍두기가 나와야 돼요. 깍두기 모르세요? 짧게 머리 깎은 사람들이요. 그 사람들이 하얀 헬멧을 써요. 이게 백골단이에요. 이른바, 전문 용어로 '용역'이라고 해요. 재개발 현장에 많이 나타나 아마 용맹을 떨친다고 하죠? 이분들이 1980년대부터 있었어요. 그때부터 역사를 다지신 뿌리 깊은 분들입니다. 3월 13일 새벽 6시에 100여 명의 백골단이 버스에서 척척척척 내립니다. 건장한 깍두기 100명과 배 나온 아빠들, 애 업은 엄마들, 어린이집 선생님들, 학교 일찍 끝난 초등학생들이 길바닥에 엉켜서 12시간 사투를 벌였어요. 우리 아빠 왜 때리느냐, 머슴애들은 막 덤비고, 이 난리를 12시간을 친 겁니다.

낮 12시가 넘어 점심 먹고 싸우자는 우리들의 휴전 제안에 깍두기들도 잠시 휴식하고 다시 싸우는데, 제가 운이 없게도 세 대 얻어맞고 쓰러져서 난생처음 119 앰뷸런스를 타고 세브란스병원에 가서 하루 종일 사진만 찍다가 나왔어요. 제가 실려 가고 나서 주민들이 더 화가 났어요. 싸움이 더 드세져서 예닐곱 명이 더 다쳤나 봐요. 이 조그만 동네에서 벌어진 난리가 이날 저녁 9시 뉴스에 나온 겁니다.

그리고 그날 밤, 엄마들 다섯 명이 모여서 이명박 시장 기습 면담 작전을 결정합니다. 백골단의 난입이 있기 일주일 전쯤에 동네 엄마들 서넛이 이명박 시장의 출근 루트를 직접 뒤따라 확인하고 있었어요. 시장님이 하도 안 만나 주니까 억지로라도 만나려고 했던 거지요. 당시에 이명박 시장은 삼선교 공관에서 시청까지 전철로 출퇴근을 했었어요. 여러분, 대구 지하철 방화사건이라고 혹시 기억하시는 분 계세요? 그때 시민들이 그 사건이 너무 충격적이고 무서워서 전철을 안 타려고 하니까 이명박 시장이 시민들한테 전철 타라는 캠페인을 하느라 전철 출퇴근을 했던 거였죠.

그렇게 출근 루트를 알고 있다가 디데이D-day만을 기다리고 있었는데, 13일 밤에, 다음날로 디데이를 딱 결정한 거예요. 드러누운 저를 병문안할 겸 우리 집에 모여서 밤새 엄마들이 시장 기습 면담에 사용할 현수막을 만들었어요. 참, 엄마들은 현수막을 만들어도 왜 그렇게 예쁘게 만드는지, 요만한 초록색 천에 벌레, 귀뚜라미, 새, 나무를 예쁘게 그려서 예닐곱 장을 만들었어요. 그렇게 밤을 꼴딱 새우고 새벽 다섯 시쯤, 엄마들 말고 아빠가 하나 필요하다, 버럭 하는 아빠 말고 말 조곤조곤 하는 아빠 하나가 있어야 한다고 해서 그 전철로 출근하는 아빠 하나를 합류시켰어요. 그랬더니 애들도 주민이다, 이 산의 가장 주인공은 애들이라고 해서, 당장 우리 집 애는 학교 안 간다니 좋아라 하며 끼고, 우리 애와 친한 친구 하나가 더 꼈어요.

애 둘, 아빠 하나, 엄마 다섯 이렇게 여덟 명의 대원이 아직 어두운 새벽에 집을 나서 동네골목을 빠져나갑니다. 1진은 삼선교로, 2진은 환승역으로 나눠서 갔어요. 1진이 이명박 시장 뒤를 쫓고 환승역인 동대문운동장역에서 2진과 합류하기로 한 거지요. 합류하자마자 8분 작전을 개시합니다. 환승역에서 시청역까지 네 정거장이거든요. 8분 안에 모든 작전을 완료해야 돼요. 이명박 시장으로부터 주민과 협의하겠다는 확답을 육성으로 받아내는 게 미션이었습니다.

그 시간대가 출근시간이었기 때문에 2호선이 무지무지 복잡해요. 시장님 일행을 코앞에서 맞닥뜨립니다. "시장님, 어제 성미산 주민 10명이 다쳤는데, 보고 받으셨습니까?" 이러면서 클리어파일에 모아둔 그동안의 신문기사들을 쫙 보여줬어요. 그랬더니 수행원들이 이 사람들 뭐냐며 막 말려요. 그때 앞에서 카메라 플래시가 퍽 하고 터집니다. 전날 저녁에 한겨레신문사에 전화해서 특종이 있는데 당신한테만 알려주는 거니까 환승역에서 기다리면 우리가 픽업한다고 해서 환승역에서 태웠던 기자였어요. 카메라도 크고 누가 봐도 기자인 줄 아는 거죠. 이러니까 수행원들이 꿈쩍을 못하는 거예요.

그러자 승객들이 수군수군 술렁대기 시작합니다. 열차 안 곳곳에서 "민데? 민 애긴데? 어디 한번 들어 봅시다." 상황이 이렇게 되지 시장 수행비서들도 예기치 않은 상황에 당황하여 어쩔질 못하더라고 요. 드디어 8분 작전의 2단계가 성공적으로 시작됩니다. 엄마 중에 말을 조리 있게 잘하는 상호 엄마가 나서서 성산 배수지의 문제점, 공무원들의 터무니없는 일방적인 행동들을 조목조목 따지듯 설명을 했습니다. 결국 시장은 내리기 직전에 "주민들과 협의 하겠다."는 약속을 합니다. 이 장면이 그 다음날 15일자 〈한겨레〉 신문에 실립니다.

이 일이 있고서 두 달 후, 5·18 광주민주화항쟁 전날이라 제가 잊지도 않는데, 5월 17일에 경성고등학교에서 그렇게 바라던 공청회가 열립니다. 그 공청회 결론이 무엇이었는지 아세요? '이미 배수지 시설이 충분하다.'였습니다. 아, 여러분, 두 다리에 힘이 탁 풀린다는 표현은 이럴 때 쓰는 겁니다. 이 결론을 얻어 내려고 2년간 이렇게 싸웠나, 허탈했죠. 그래도 우리는 이길 수 있겠다는 희망이 교차되는 순간이었어요. 이미 배수지 시설이 충분했던 거예요.

배수지 시설은 10년 전 쯤에 기본계획을 한답니다. 계획할 당시 물 소비량을 예측하고 배수지 설치를 결정했는데, 10년 후에는 실제 물 소비량이 예측치의 절반밖에 안 되는 거예요. 왜 그럴까요? 다 맞벌이 나가느라고 집에서 물 먹는 사람이 없어요. 먹어도 다 생수를 사 먹어요. 그리고 세탁기가 물을 꽤 많이 쓰는데, 지금은 성능이 좋아져서 물을 별로 안 잡아먹는대요. 가장 결정적인 것은, 예전에 물 수요량을 예측할 때는 지하에 묻은 콘크리트 상수관이 노후해서 누수가 많았고, 그걸 감안해서 수요량을 더 많이 잡았었는데 이제는 노후 상수관 교체 등 관리를 잘해서 누수율이 대폭 줄었다는 거예요. 그러니 배수지가 더 있어야 할 이유가 없었던 거지요. 공무원들은 계획을 바꿔서 배수지 공사를 안 하고 이미 편성된 예산을 안 쓰면 무능하다는 평가를 받으니까 이 사람들이 알면서도 거짓말을 무릅쓰고 밀어붙인 거예요. 어쨌든 이게 공청회를 통해서 만천하에 공개가 된 거죠.

그 공청회가 있은 지 4개월 후 10월 16일에 상수도 사업본부장이 의회에서 '성산 배수지 무기한 보류'라고 선언합니다. 이게 성미산 싸움의 2년간의 전모입니다. 어떻게 보면 3월 13일 주민이 용역들과 12시간 사투를 벌이고, 10여 명의 주민이 다치고, 시장 면담을 기습적으로 했던 생난리를 겪고서야 공청회가 열렸던 거라서, 우리는 그 3월 13일을 동네 아이들에게 '3·13대첩'이라고 가르칩니다. (웃음) 이 날이 분수령이 되었던 겁니다.

그런데 이런 2년간의 싸움 과정을 보고 시민사회에서 우리 동네 사람들에게 '성미산 지킴이'라는 별명을 붙여줍니다. '아, 저 사람들 말이지 할아버지, 할머니, 애, 어른 할 것 없이 저렇게 2년 동안 똘똘 뭉쳐서 결국은 산을 지켜냈다, 훌륭하다 성미산 지킴이들, 멋져.' 이렇게 별명이 붙었는데 재밌는 것은 그다음 일이에요. 산을 지키고 나니까, 그다음에 뭐가 자꾸 생겨요.

2003년 10월 성산배수지 사업이 공식적으로 중단되고 두 달이 지난 12월에 차車병원이 만들어져요. 카센터예요. (웃음) 그리고 그 이듬해 2004년 9월 성미산학교가 개교하고, 2005년 마포FM이라는 마을방송국이 만들어져요. 뭐기 자꾸 생기는 기예요. 시민사회에서도 "어, 저거 마을인데? 성미산 지킴이들이 산을 지키더니 이제는 마을을 본격적으로 만들기 시작하네?" 이렇게 이야기들을 하는 거예요. 그래서 그때 성미산마을이라는 이름을 얻게 되었어요. 우리가 성미산마을이라는 이름을 붙인 게 아니고요. 우린 그냥 '동네'라는 말을 더 잘 썼죠. 그러고 보면 성미산마을의 일등 공신은 누군지 아시겠죠? 이명박 당시 시장님. 그분이 아니었으면 지금의 성미산마을이 있었을까, 저는 진심으로 그분에게 감사의 마음을 가졌습니다. (웃음)

이 성미산 싸움에서 중요한 것은, 원래 토박이 어르신들, 이른바 원주민들과 100여 가구의 이주민들이 산에서 섞이면서 2년간을 징그럽게 엉켜서 싸우고 결국은 이겨낸 이 승리의 에너지가 다 마을살이로 녹아들게 되었다는 겁니다.

성미산 어린이집 공동육아 이야기

사실 성미산마을의 기원은, 이명박 시장으로부터 비롯된 성미산 싸움이 아니고 거기서 7년을 더 거슬러 올라가야 합니다. 1994년도에 여러분들 몇 살이셨을까요? 아직 이 세상에 안 태어났나요? (웃음) 그 시기에 아이들을 너무 공부만 시키지 말고 마을 속에서 아이들을 자라게 할 순 없을까 고민했던 부모들이 있었어요. 당시 30대 중반의 맞벌이 부부들이었어요. 아이가 태어났는데 직장을 그만둘 수가 없어요. 부부가 함께 벌지 않으면 먹고살 수 없었기 때문이죠. 그리고 회사를 그만두면 엄마들은 복직이 잘 안 돼요. 이른바 '경력 단절 여성'이라는 딱지가 붙어요. 열이면 아홉은 복직이 어려워요. 아이는 태어났는데 맞벌이는 계속 해야겠고, 어떡하나 고민하다가 시부모한테 찾아갑니다. 가서 말도 못 꺼내고 그냥 옵니다. 그래서 아껴 두었던 친정엄마를 찾아갑니다. 그런데 그날따라 친정엄마가 왜 그렇게 허리를 아파하시는지, "날씨가 꾸물꾸물하더니 허리가 너무 아프다. 애야, 차 끊어진다, 빨리 가 봐라." 이러시면 역시 말도 못 꺼내고 옵니다.

어떻게 합니까? 어떻게든 전쟁 치르듯이 애를 키워서 애가 서너 살 됐어요. 말도 통하고 똥오줌 가릴 때쯤 되니까 아빠도 이제 애를 좀 돌볼 줄 알게 되고 그래요. 아이고, 이제 좀 살 만하다 싶었는데, 덜컥 둘째가 또 생겨요. 난감한 일입니다. 태어난 놈 다시 들어가라 그럴 수도 없고. 이 아이를 어떻게 키울까? 어린이집을 뒤지기 시작합니다. 어린이집을 가 봤더니 애들을 아파트 2층 상가에 가둬 놓고 기르는 거예요. 하루 종일 상가에 갇혀서 지내요. 알고 봤더니, 요즘엔 나들이라는 걸 많이 하는데, 그 당시에는 괜히 나들이했다가 아이가 다치기라도 하면 그 어린이집은 일주일 안에 망한답니다. 교사가 너무 부담스러운 거예요. 이해가 되더라고요. 그런데 애들을 한 방에 모아 놓고 비디오를 쭉 틀어 놓고는, 우리말도 잘 못하는 애들한테 영어를 가르친다, 산수를 가르친다 그러는데 거기서 딱, 이거는 아니다 싶더라고요.

지는 서울에서 어린 시절을 보냈지만, 지만 해도 흙 먹고 컸기든요. 흙 먹고 큰 애들이 훨씬 건강합니다. '왜 애들을 이렇게 공주, 왕자처럼 키우지? 이건 아니야.'라는 생각이 들었어요. 그런데 어린이집이나 유치원에서 이렇게밖에는 아이를 기를 방법이 없어요. 구립어린이집이 있었지만 들어가려면 6개월 이상 기다려야 되고, 아이들을 기르는 방법에는 별반 차이가 없었어요. 삼성에서 어린이집을 만들어서 전국에 프랜차이즈 시스템으로 운영하는 걸 알았어요. 하지만 '아, 아이 기르는 것까지 삼성한테 가야 되나?'(웃음) 그건 안 했어요. 어쨌든 제가 자라던 방법으로 애를 키울 마땅한 방법이 없었던 거예요. 그렇다고 혼자 어쩔 수 있는 것도 아니고요.

그런데 때마침 여성학자, 인류학자, 교육학자가 뭉쳤어요. 이분들이 의논해서 '공동육아'라는 프로그램을 제안합니다. 여러분도 아실거예요. 페미니스트이자 인류학자이신 연세대학교 조한혜정 교수님, 인류학자이신 한양대학교 정병호 교수님, 그리고 서강대 정유성 교수님 이런 분들이 '또하나의문화'라는 단체의 동인들이었어요. 이분들이 '공동육아'라는 프로그램을 제안합니다. 이 얘기를 듣고는 고민 많던 맞벌이 부부들이 이거면 아이들을 제대로 기를 수 있을 것 같다고 생각해서 고민 많던 맞벌이 부부 20여 가구가 모인 거예요.

그런데 문제는 아이들이 흙놀이 할 수 있는 마당 있는 집을 구해야했어요. 그 당시에 300만 원이라는 거금을 다 냈어요. 그래서 7,000만 원을 만들었습니다. 이 돈 가지고 전세를 구하러 다닌 겁니다. 손바닥만한 마당이라도 있는 터전을 구하러 다녔어요. 마당 있는 집이 많긴 한데, 7,000만 원짜리는 잘 없어요. 그래서 온 데를 돌아다니다가 천신만고 끝에 마당 있는 집 7,000만 원 짜리를 찾은 거예요. 대표 엄마가 신이 나서 바로 그 자리에서 가계약을 했어요. 그리고 그 다음날, 다른 엄마들과 애들을 다 데리고 앞으로 행복하게 살 터전이라며 구경하러 갑니다. 그런데 집주인이 내다보더니 "이 애들이 다 와서 살 거냐"고 물어요. "네." 하자, 가계약금 돌려주더니 해약하자는 거예요.

그렇게 몇 달을 집을 못 구하고 헤매다가 마침내 하나를 찾았어요. 만화도 그리시고 목공으로 DIY도 하시는 반쪽이라는 분의 아버님이 연남동에 마당 있는 집에 살고 계셨는데 그 어르신이 딸을 보러 외국에 다니러 가시느라 1년 동안 집이 빈대요. 그래서 당장 찾아가서 1년간만 좀 쓰게 해 달라고 간곡히 부탁을 드렸더니 이 어르신이 "애들을 기른다고? 뜻이 좋네. 조건이 있다. 잔디만 손상시키지 마라."고 말씀하세요. 뭐 가릴 게 있습니까? 무조건 알겠다고 대답했죠. 그랬는데 나중에 아이들하고 맨날 잔디 때문에 전쟁이에요. 아이들은 들어가서 뒹굴고 싶어 하고, 어른들은 들어가지 말라고 하고 말이에요. 그 잔디 며칠 갔게요? 2주 만에 다 걷어 버렸습니다. 그리고 나중에 집을 비울때 새로 떼 입히고 나가자고 우리끼리 정하고요.

그렇게 해서 터전이 구해지고, 이제는 고생 끝 행복 시작이다, 행복하게 우리끼리 아이들 기를 일만 남았다고 생각했는데, 그때부터 진짜 고생이 시작된 줄 누가 알았겠습니까? 전쟁이 벌어집니다. 갈등이 생기고 다툼이 벌어지고 의견이 안 맞아요. 스무 가구 부모들의 의견이 안 맞아요. 왜일까요? 애들 부모 모두가 교육학 박사님들이셨던 겁니다. (웃음) 이론과 실전을 겸비한, 절대 양보가 안 되는 박사들 20여 명이 토론을 하기 시작합니다. 결론이 안 나지요.

한 가지 예만 들어 볼게요. 어린이집 식단에 계란을 넣을 것이냐 말 것이냐 가지고 며칠을 토론했을 거 같습니까? 20분 만에 결정 날 일이죠? 아이 중에 아토피가 있는 아이가 한 명 있었어요. 그 아이한테 계란은 독약이나 다름없었어요. 19대 1의 팽팽한 토론이 벌어집니다. 어떻게 결론이 났을까요? 다수결이 가능할까요? 네, 다수결은 애시당초 불가능해요. 자기가 소수 의견이라는 이유로 자기 아이에게 해가 되는 다수의 결정을 받아들일 수 있습니까? 그리고 소수에게 다수결로 결정되었다고 그 결정을 따르라고 하는 것은 엄청난 폭력이에요. 나는 절대 수용할 수 없는데, 그런데 다수결이기 때문에 따라야만 하는 상황을 받아들이기 어려워요. 자기 아이와 관련된 경우일 때는 더욱 그렇습니다. 그럼 어떻게 했을까요? 계속 토론하는 거예요. 언제까지요? 누군가가 포기할 때까지죠. 그런데 누가 포기하지요? 한 사람이 포기했을까요? 19명이 포기했을까요? (청소년 : 19명이오.) 와, 여러분들은 잘 알고 계시네요. 한 명이 포기하면 포기한 그 사람이 그 커뮤니티에서 나가는 것이에요. 19명이 포기하면 20명 모두 안 나가도 돼요. 이게 역설이에요.

여러분, 여기까지는 그래도 아름답죠? 19명이 포기 못하면 어떻게 합니까? 19명이 포기 못하는 경우가 다반사예요. 어떻게 할까요? 계속 토론하는 겁니다. 여러분, 끝장토론의 원조가 바로 이 동네입니다. (웃음) 그냥 계속 토론합니다. 8시에 퇴근하고 모여서 토론합니다. 한 3시간 하면 지쳐요. 11시 되면 누군가가 슬쩍 막걸리하고 맥주를 사서 들어옵니다. 힘드니까요. 두어 순배 돌아갑니다. 그러면 토론 주제는 다 증발해 버리고, 다들 사는 이야기로 화제가 바뀝니다. 어제 시어머니랑 한판 했는데 아주 속이 상해서 가슴에 맺혀 있다고, 낼 모레 명절인데 어떻게 해야 될지, 시누이는 왜 그러는지, 친정 엄마가 너무 아프신데 어떡하나, 이렇게 엄마 아빠들은 그 허름한 양옥집 마루에 모여서 사는 이야기를 하고, 애들은 옆방에서 뒤엉켜서 잡니다. 완전히 피난민 수용소입니다. (웃음) 오죽하면, 애들 잘 키우자고 모여서 아동학대하는 게 아닌가 몰라, 이러면서 한탄할 정도였어요. 하지만 애들한테는 엄마가 친구들 엄마하고 모여 있는 그 장소가 제일 안전한 곳이에요. 친구들하고 엉켜서 놀다가 엎어져서 자는 게 얼마나 좋아요? 이빨 닦으란 소리도 안 하고 너무 좋잖아요. 애들은 그렇게 뒤엉켜서 크는 거죠.

새벽 2시쯤 되면 내일 출근해야 된다고 일부는 떠나고, 일부는 지금 자 봐야 못 일어난다고 새벽 5시까지 먹습니다. 다음날 저녁 8시에 또 모여서 회의해요. 그러다 11시가 되면 또 술이 들어옵니다. 새벽 2시쯤에 돌아갑니다. 결론이 안 나죠? 다음날 또 8시에 모입니다.

어느 날 한 엄마가 인터넷에서 야마기시 공동체라는 곳을 봤다고 해서 다 같이 그곳으로 들살이 가기로 결정합니다. 야마기시 공동체라는 곳은 공동체적 소유를 하면서 생산과 소비와 문화를 함께 하는 공동체인데, 거기서는 닭을 풀어놓고 기른대요. 그래서 갔던 거예요.

수탉과 암탉이 함께 섞여서 살면서 알을 낳으니까 유정란이 생산되는 거죠. 그 유정란을 아토피 아이에게 프라이로 만들어 먹입니다. 먹여 놓고, 그 애보고 빨리 자라고 합니다. 그런데 애들이 자라고 하면 잡니까? 더 안 자죠? 안 되겠어서 아빠들 몇 명에게 미션을 내립니다. 애들 다 들에 데리고 나가서 실컷 놀리라고 합니다. 5시쯤 되자 애들이 녹초가 되어 들어와서는 밥도 안 먹고 다들 쓰러져 잡니다. 그 아토피 아이도 잠이 들었어요. 어른들이 그 아토피 아이를 빙 둘러쌉니다. 얘가 잠이 들었는데 30분이 되도록 안 긁어요. 1시간이 지나도 안 긁어요. 모두들 "됐어 됐어." 하며 좋아합니다. 여기서 계란 논쟁이 대단원의 막이 내립니다. 19명이 포기할 때까지 토론을 했는데 포기가 안 되면, 20명 모두가 동의할 수 있는 대안이 나올 때까지 끝까지 토론을 했던 거예요.

여러분, 어떠세요? 징그럽지요? 계란 하나 가지고 이럴 정도면, 교사 채용은 어떻게 했겠어요? 교육과정은 어떻게 결정했겠어요? 부모들이 힘이 빠지기 시작합니다. "우리들은 회의주의자인가 봐?" 한탄을 합니다. 그런데 궁하면 통한다고, 변화가 생겨요. 회의 분위기가 달라지는 거예요. 회의 때 사람들이 말을 안 해요. 전에는 열심히 토론해서 98퍼센트 정도가 합의되잖아요? 그러면 또 토론해서 나머지 2퍼센트를 마저 채우지요. 그런데 대략 70퍼센트 정도가 합의에 다다르면 그때부터 슬슬 눈치를 딱 봅니다. 이때 누군가가 30퍼센트 마저 채우겠다고 발언을 하는 순간, 그로부터 회의가 더 연장되잖아요. 이제는 이걸 아는 겁니다. (웃음) '70퍼센트 정도면 훌륭하지. 70퍼센트 합의하기가 어디 쉬워? 훌륭해! 내가 여기서 한마디 더 보태면 2시간 짜리야. 오늘 집에 못 가지.' 모두 이런 생각인 거예요.

진짜 기적은 그 다음부터 벌어져요. 말을 안 하고 있으면, 그때부터 다른 사람 이야기가 들려요. 참 신기하죠? 여러분, 제가 비폭력 대화다, 소통이다, 이런 책도 여러 권 읽고, 강의도 많이 들어 봤어요. 결론이 뭔 줄 아세요? 모두 똑같아요. 남 얘기 잘 듣기입니다. 액면 그대로 듣지 말고 그 이야기의 맥락을 살펴서 듣기예요. 이게 모든 소통이론의 핵심이더라고요. 성미산마을의 어린이집 젊은 부부들이 신통하게 이 비밀을 어떻게 알았을까요? 교양이 뛰어나서요? 이미 출간도 안 된 책을 원서로 봐서요? 아니에요. 회의가 너무 지겨워서 슬슬 회의하고 빨리 끝내는 방법을 터득하기 시작했던 거예요. 어떻게 보면, 애들 키우러 모인 어른들이 오히려 조금씩 크고 있었던 셈이죠. 아이들은 아이들대로 옆방에서 서로 엉켜 자면서 덤으로 크고 있었던 거고요. 참 재미난 일입니다.

이해가 안 되는 차이라도 인정해야 한다

제가 이런 이야기를 장황하게 한 이유가 있습니다. 요즘 협동이라는 말을 많이 합니다. 결국 이 부모들은 협동을 위해 모였습니다. 아이를 길러야 되겠는데, 나 혼자서는 해결이 안 돼서 함께 하면 될 거 같다는 희망이 생겨서 다들 이사를 왔어요. 하지만 협동이 너무 번거

롭고 힘들이요. 여러분, 백지장도 맞들면 낫다는 옛말 있죠? 지는 그거 순 거짓말이라고 생각합니다. 그 백지장 바로 찢어지고 맙니다. 세상에 협동처럼 번거로운 일이 없더라고요. 나 혼자 했으면 벌써 끝났을 일을 괜히 둘이 한다고 나서서 일은 일대로 안 되고 둘이 의만 상해버리고 끝나는 일이 비일비재해요.

그렇지만 아이를 기르는 일은 의가 상했다고, 의견이 안 맞는다고, 협동이 어렵다고 포기할 수가 없었던 거예요. 한 예로, 제가 한 엄마랑 회의를 하는데, 저랑 완전히 다른 의견을 얘기하는 거예요. 미워 죽겠어요. 저랑 의견이 다른 건 용서가 되는데, 분명히 저하고 어제 술 먹으면서 합의를 봤었거든요. 나랑 의견이 똑같다는 거예요. 기분이 좋아서 술도 한잔 하고 그날 술값도 제가 냈단 말이에요. 그런데 그 다음날 완전 딴소리를 하는 거예요. 화가 나고 꼴도 보기 싫더라고요. 그런데 그 집 아이가 마침 그날 저녁에 우리 집으로 마실을 온대요. 그 애 보면 그 엄마 생각나고, 애한테 화낼 수는 없고 참 난감한 거예요. 이따가 밤에 그 엄마가 또 자기 애를 찾으러 우리 집에 올 거 아니에요? '이 엄마를 내가 어떻게 쳐다보지?' 난감하고 안절부절못하겠어요. 집에 있는 거 뻔히 아는 데 아빠가 집에 없다고 그러랄 수도 없고, 미워 죽겠는데 안 미운 척할 수도 없고 그래요. 표정 관리를 하면 더 어색해져요. 예전 같으면, 절 싫은 중이 절을 떠나는 심정으로 이사 갔을 거예요. 그런데 전세 기한이 1년 반이나 남았는데 어떻게 이사를 가요? 이놈의 집이 언제 빠질 줄 알아요? 집이 빠져도, 어린이집을 어디서 어떻게 구해요? 제가 애 키운다고 직장까지 옮겼는데,

직장을 또 옮겨요? 이사 간다는 게 상상이 안 되는 거예요.

방법은 뭘까요? 이해할 수밖에 없는 거예요. 이해돼서 이해하는 게 아니고, 이해했다고 치고 그냥 이해하는 겁니다. 이게 별게 아닙니다. 여러분, 남친 여친이랑 연애도 하겠지만, 그리고 여러분 부모님들도 죽고 못 살아서 결혼했지만 사실은 맨날 좋아서 사는 것이 아니에요. 맨날 사랑하는 것도 아니에요. 원수처럼 미워 죽겠을 때도 많아요. 사실은 어쩌면 그럴 때가 더 많은지도 몰라요. 근데 왜 살아요? 이해하면서 사는 거예요. 다 이해 못해도 살아요. 살면서 이해하고, 이해되니까 좀 더 살아 주고 하는 느낌이 있어요. 이게 이웃과의 관계에서도 크게 다르지 않더라고요.

제가 대학교 1학년 때 광주민주화항쟁이 일어났어요. 그때는 제가 살아 있는 것만으로도 죄스러웠던 시절이었어요. 그 당시에는 의견이 다르면 뭔가 불편해요. 동일성이 대단히 중요한 가치였어요. 나랑 조금만 달라도 이걸 똑같게 만들어야 돼요. 그래서 어떻게 합니까? 이건 이렇고 저렇다고 설득을 해요. 설득이 안 되면 바로 협박이 들어갑니다. 어떻게 협박합니까? "야, 책에 이렇게 쓰여 있는데 이거 안 읽어 봤니? 이것도 안 읽어 봤단 말이야? 이 유명한 사람의 책을?" 이럽니다. 이 협박도 안 먹히면 어떻게 해요? "야, 국가와 민족이 있는데 네가 지금 이럴 수 있어?" 이렇게 합니다. 이래도 안 통하면 배제합니다. 그 당시 20대의 저는 배제해도 윤리적으로 불편함을 별로 못 느꼈어요.

그런데 마을에서 애 키우면서 살면서는 그게 안 되는 거예요. 이해

두 안 되는 차이를 내가 인정할 수밖에 없어요. 차이라는 걸 제가 인정하게 됐고, 그 차이와 공존하는 감수성이 조금씩 생기기 시작했던 것 같아요. 제가 뛰어난 깨달음이 있어서가 아니라, 이사 가자니 너무 번거로워서요. 아이는 계속 여기서 키우고 싶은데 이사는 못 가겠고, 방법이 없더라고요. 이렇게 협동을 하기로 마음먹은 사람들이 힘든 협동의 과정을 이어 갈 수 있게 했던 것은 결국 소통이었다는 겁니다. 차이를 인정하고, 그들과 공존하기 위한 소통법을 각자가 몸으로 익히지 않는 한, 그 협동을 유지시킬 수가 없어요.

한 3년 정도 어린이집을 함께 운영해 보면 다 알아요. '아, 저 엄마? 솔직히 좀 재수 없어. 아유, 까칠해. 회의 때 두 마디밖에 안 해. 근데 토 달 데가 없어. 말이 너무너무 정확해. 아으, 싫어. 아이고 근데, 막걸리 두 잔만 먹어 봐. 세상에 푼수가 그런 푼수가 없어. 그리고 저 엄마가 나서면 안 되는 일이 없어. 저 아빠는 회의 때 아무 말도 안 해. 왜 앉아 있는지 모르겠어. 그런데 그날 결정된 거 혼자서 스물스물 움직이고 있어.' 이렇게 서로에 대해서 낱낱이 다 알게 돼요.

내 아이에서 동네아이로, 방과후 교실에서 마을축제까지

아이들이 초등학교를 가기 시작할 때 일이에요. 초등학교에 입학하고 한두 달 지나면 담임이 면담을 합니다. 여러분은 못 믿기시겠지만, 부모님들은 그때 그 심정은 어떻게 말할 수가 없어요. 걱정 반 기대 반이에요. '아, 우리 애가 학교생활 잘하나 봐. 칭찬하겠지? 아니야, 뭐 이상하다고 얘기하면 어떻게 하지?' 이런 불안한 마음을 안고 담임 앞에 섭니다. 담임 첫 마디가, "아이가 숙제를 안 해 오네요?" 이럽니다. "네? 아니, 숙제 없다 그러던데요?" 그러면 "애가 알림장을 못 씁니다. 한글도 안 떼고 학교엘 보내셨나 봐요?", "예? 한글 가르치려고 학교 보낸 건데요."

이쯤 되면 아이 문제가 아니고 부모가 더 문제가 되는 겁니다. "아니, 뭐 요즘도 이런 부모가 있어? 공동육아라나 뭐라나. 좀 이상한 부모들인가 봐." 학교가 수군수군합니다. "애들이 막 반말하고. 어른들은 죄다 운동권이라나 봐." 이럽니다. 그리고 "애들이 버르장머리가 없어. 숙제도 안 해 오고, 그런데 놀 때는 제일 먼저 놀고, 운동장 나가서 축구하면 제일 선수고, 아무튼 이상한 애들이야." 이래요.

공동육아 어린이집은 반말 문화예요. 키 작은 남자애가 있었어요. 제가 담임이고 그 아이가 여기 앉았다고 해 봐요. "아무개야." 하고 불렀는데 이 애가 "왜?" 그러는 거예요. 우리 어린이집에서 교사가 부르면 "왜?" 하고 항상 반말로 했으니까 이 아이한테는 그게 너무나 자연스러운 거예요. 수평적인 소통을 위해서 반말을 쓰게 하고, 선생님한테 반말이 나오기 어려우니까 별명을 붙였어요. "민들레, 나 지금 오줌 누고 싶어. 민들레, 나 배고파." 이렇게 얘기하게 했던 거죠. 그러니까 학교가 난리가 났어요. 그래서 공동육아 부모들이 안 되겠다고 회의를 해서 학교운영위원회에 들어가기로 결심을 해요. 엄마끼리만 들어가서는 안 되고, 아빠도 꼭 끼어야 하는데 버럭 하는 아빠는 절대 안 되고 차분하게 조곤조곤 말 잘하는 아빠를 꼬셔서 같이 들어가 운영위원이 되었습니다. 민수 아빠와 한슬이 아빠라는 초창기부터 유명한 아빠인데, 학교운영위원으로 들어가서 학교운영위원회를 4년간 이끌다시피 했어요.

아무튼 아이들을 기르면서 아이들이 크니까, 딱 아이들이 큰 만큼, 아이들의 동선만큼 동네가 보이기 시작하는 거예요. 그래서 방과후를 만들기로 결심합니다. 대신, 출자금을 내야 하는 협동조합형 방과후 말고, 우리 아이의 학교 짝꿍도 다닐 수 있는 열린 방과후를 만들기로 했어요. 역시 마당이 있는 터전을 구하기 위한 보증금이 필요했어요. 동네에 방을 붙였어요. 그런데 동네 사람들의 반응은 "뭔 놈의 방과후 교실이 공부도 안 시킨대. 영어 공부, 수학 공부는 하나도 안 시키고, 시장놀이니 뭔지 프로젝트 수업이라나 뭐라나 죙일 놀기만 한다네." 이럽니다. 동네 사람들이 관심이 없는 거예요. 있어도 이상하다고 여기는 거예요. 아무도 신청하는 사람이 없었어요. 그래서 구청에 가서 전세금을 지원해 달라고 했는데, 없대요. 울며 겨자 먹기로 다시 협동조합형으로 가고, 공동육아 어린이집을 졸업한 그 애들 부모들이 또 모여 또 방과후를 설립하여 운영합니다. 어린이집을 졸업하면서 돌려받은 출자금 300만 원이 있으니, 어린이집에 기금으로 100만 원을 남기고도 방과후 출자금 200만 원을 낼 수 있었습니다.

어린이집을 3년 운영해 본 엄마 아빠들이니 방과후 만드는 것쯤이야 일도 아니었어요. 품이 절반도 안 들었어요. 어린이집도 만들어서 여기까지 함께 왔는데, 방과후는 식은 죽 먹기로 생각했습니다. 왜냐

하면 같이 뭐든 지지고 볶으면서, 무슨 얘기 하면 무슨 얘기인지 다 알아듣는 선수들이니까요. "기획서는 저 엄마가 최고야, 두 시간이면 기획안 바로 나와. 회의록은 저 엄마가 선수야, 무슨 말을 해도 회의록 보면 회의를 너무너무 잘한 것 같은 거야. 우리가 이렇게 잘했단 말이야?" 이렇게 우리는 누가 뭘 잘하는지 다 알거든요. 그러니까 일사천리로 방과후를 뚝딱 만들어 낸 거예요. 이게 1999년 일입니다.

방과후까지 만들어 내니까 이제 신이 났어요. 이제 생활협동조합 하나 만들자고 뜻을 모읍니다. 아직 대안교육은 주민들한테 우선순위가 아닌 것 같고, 생협을 만들어 깨끗한 먹거리를 나누다 보면 지역의 주민들이 동참할 것 같다는 판단을 한 거예요. 그때는 신문 사회면에 맨날 중국산 농산물 기사가 나올 때였어요. 조기를 수입했는데 배를 따 보니까 볼트가 들어 있더라, 고춧가루를 물에 헹궈 보니까 톱밥이 나오더라, 김치를 현미경으로 들여다보니까 기생충 알이 드글드글하더라, 순 이런 기사들이었어요. 깨끗한 먹거리에 대한 일반적인 욕구가 있었던 겁니다. 게다가 생협 하면 방과후 교사 두 사람 인건비 정도는 나올 테고, 그러면 열린 방과후를 다시 시도할 수 있을 거라는 기대를 가지고 2001년에 처음 생협을 열었습니다. 당시 어린이집 둘, 방과후 교실 하나에 속한 조합원이 모두 87가구였는데, 그 87가구가 모조리 출자를 해서 생협이 시작됩니다.

생협을 만들고 제일 처음 한 일은 그해 5월 동네축제를 연 겁니다. 생협이 열렸다는 것을 동네 사람들한테 알리려고 동네에 말을 건 거죠. 2박3일 동안 축제를 정말 신나게, 징그럽게 했어요. 다시는 이런 축제 하지 말자, 너무 힘들다, 놀기 힘들어 죽겠다고 할 정도였어요. 그 후론 너무 지쳐서 항상 1박 2일만 합니다. 첫 축제를 하고 너무 힘들어서, 7월 중순에 관광버스 두 대를 빌려 지리산으로 놀러 가기로 합니다. 가는 그날, 관광버스가 서 있던 산기슭에 무슨 무슨 주민설명회를 한다는 푯말이 하나 있었어요. 모두들 그냥 지나쳤어요. 그런데 한 아빠가 눈여겨보다가 좀 이상하다는 생각을 하고는 지리산을 갔다 와서 동사무소에도 가 보고, 구청에도 가 보고 이리저리 수소문을 해 봤나 봐요. 그렇게 해서 성미산에 배수지가 생긴다는 사실을 알아내곤 그 아빠가 동네에 알린 거예요. 그렇게 해서 2년이 넘도록 이어진 성미산 싸움이 시작이 된 겁니다. 여러분, 2001년 1월에 생협이 만들어지고, 5월에 축제를 하고, 7월에 성미산 싸움이 시작됩니다. 2001년은 성미산마을의 중요한 변곡점이 된 해입니다.

성미산 마을살이 이야기:

성미산학교, 생협, 동네부엌, 작은나무 카페

성미산 싸움이 마무리되고 그 이듬해에 성미산학교가 만들어집니다. 2004년 9월에 개교를 하는데, 학교의 시작은 2003년 2월이었어요. 3·13대첩 한 달 전이죠. 엄마 다섯이 예쁜 옷을 입고 동네 입구에 들어서는 거예요. '산 지키기 바빠 죽겠는데, 저 엄마들 예쁜 옷 입고 떼 지어 어딜 다녀오는 거야? 떼로 바람이라도 났나?' 그런데 알고 봤더니 그 다섯 가구가 한꺼번에 이사를 간다네요. 날벼락이죠. 아니, 산도 없어질 판에 심란해 죽겠는데 다섯 가구가 한꺼번에 이사를 간다니 무슨 일이냐고, 저녁때마다 모여서 왜 이사 가냐고 다들 그 얘기예요. 알고 봤더니, 어린이집 7세반 엄마들인데 하남시에 '푸른숲'이라는 대안학교에 설명회를 갔다 온 거예요. 어린이집 졸업하고 초등학교를 보내야겠는데, 그 대안학교를 보낼까 해서 설명회를 갔다 왔더니 너무 좋은데 집이 멀어서 이사를 가야 된대요.

그때 다섯 집이 이사 간다는 소리에 너무 아쉽고 상심이 된 한 엄마가 "그러면 우리도 하나 만들면 안 되냐."고 툭 던진 말이 씨가 됩니다. 2주 후, 동네 게시판에 "대안학교 워크숍을 합니다."란 방이 하나 붙어요. 그날 이후로 아빠 셋 엄마 둘이 작당을 한 거예요. 그래서 워크숍을 2주마다 했어요. 양희찬, 양희규, 현병호, 김경호, 푸른숲 선생님까지, 유명하다는 사람들 다 불러서 강연을 듣습니다. 그러기를 5개월, 주민들 모아 놓고 오늘부터 초등 대안학교 만드는 일을 시작하겠다고 발표를 합니다. 동네 주민들은 그 다섯 집 이사 안 가도 되겠다고 다들 좋아했습니다. 그런데 한 엄마가 손을 번쩍 들고는 자기 집 아이가 4학년인데 곧 중학생이 되니 중학교도 만들어야 한다는 거예요. 그래서 초, 중 대안학교를 만들기로 그 자리에서 결정을 합니다. 그랬더니 또 한 엄마가 손을 들어요. 아이가 중학교 2학년이어서 곧 고등학생이 되는데, 어차피 중학교 만들 거면 숟가락 하나 더 얹어 고등학교도 만들면 될 텐데 고등학교도 하자는 겁니다. 그래서 대한민국 최초의 12년제 대안학교가 시작이 됩니다.

그때부터 12년제 대안학교의 철학을 찾아 나섭니다. 일하는 방식이 좀 웃기죠? 이런 걸 우리는 '바구니 토론'이라 그래요. 방향을 정해 놓고 찾질 않아요. 그냥 필요한 것을 다 바구니에 주워 담아 놓고 한꺼번에 다 엎어요. 그러고는 배열을 해요. 그러다 보면 기적이 발생해요. 여러분, 이머전스emergence라고 들어 보셨나요? '창발'이라고 번역하더라고요. 여러 사람의 생각을 모아 이리저리 궁리를 하다 보면 뜻하지 않게 좋은 생각이 튀어나온다는 겁니다. 딱히 누가 낸 아이디어라고 할 수 없는데, 누가 무심결에 던진 말이 어찌 하다 보면 훌륭한 아이디어로 발전해 있는 것이지요. 그래 놓고, "야, 우리가 이렇게 멋있는 얘길 했단 말이야?" 이러고 자기들끼리 놀래요. 이렇게 해서 아이디어가 결정되는 경우가 너무 많아요. 이렇듯 우리는 어떤 기획자가 혼자 나서서 이끌지 않아요. 모두가 기획자예요. 이런 걸 다중지성이라고 하더라고요. "야, 우리가 이런 훌륭한 방법으로 일을 해 왔다는 거야?" 우리는 우리가 다중지성의 원조라고 생각을 하고 있습니다. (웃음) 그렇게 해서 12년제 대안학교가 시작이 됐어요. 결국 성미산에서 학교가 시작이 된 셈입니다.

'동네부엌'이라는 반찬가게를 만든 것도 2002년 성미산 싸움을 할 때였어요. 그 전 해에 생협을 만들어서 야채를 많이 먹으라고 그랬는데 사람들이 안 사 먹어요. 여러분, 달래 아세요? 달래 다듬어 보셨나요? 저는 열불이 나서 못 다듬겠더라고요. 손에 잘 잡히지도 않고, 또 왜 그렇게 시간은 많이 걸리는지 한참 다듬어 봐야 요만큼도 안 돼요. 또 양념에 버무리면, 사나흘 지나서 물이 나와요. 도시 맞벌이 부부들은 저녁을 같이 먹기가 힘들어요. 그래서 엄마들이 야채로 반찬 만들어 놓기가 겁이 나요. 버릴 수도 없고, 먹지도 못하니까요. 그러니까 아예 안 해 먹는 거예요.

한 엄마가 게시판에 안을 냅니다. 식자재를 생협에서 사다가 한 집에서 한꺼번에 만들어서 나눠 먹으면 어떻겠느냐는 제안이에요. 순식간에 찬성 댓글이 열댓 개가 붙는 거예요. 그러다가 한 엄마가, 자기가 해 보겠다고 자임합니다. 그 엄마는 영양사였어요. 아이들도 커서 사춘기에 접어들고 건강도 안 좋고 해서 회사를 그만둘까 어쩔까 고민 중이었는데 마침 맞는 일이 나타난 거예요. 그래서 신이 나서 자원을 한 거예요. 영양사는 정해졌고 손맛이 누가 좋은지는 다 아니까 대장금이 결정되고, 소장금이야 대장금하고 친하기만 하면 되니까, 세 사람의 일꾼이 순식간에 결정 납니다. (웃음) 그리고 조리는 대장금 집에서 하기로 합니다. 일주일에 세 번, 한 번에 두 가지씩 반찬을 만들어서 회원제로 나눠 줍니다. 배달은 애들이 해요. 애들이라고 절대 공짜로 안 하죠. 500원씩 받고 합니다. '알바창출'이라고 합니다. 그런데 그 와중에서 난 놈들은 떡잎부터 알아본다고, 영업하고 다니는 애가 생깁니다. "아줌마, 저는 300원에 배달해 드릴게요." (웃음)

장사가 너무 잘되는 거예요. 그러다 보니 대장금 집에 문제가 생깁니다. 일주일에 3일, 하루 걸러 80여 인분의 반찬을 조리하려니까 대장금 집이 난리가 난 거예요. 일상생활이 안 되는 지경이 된 거예요. 그러자 평소에 관심을 가지던 엄마들이 모여 같이 걱정을 하다가 해

걸켁을 만들어 냅니디. 메장이 띠로 히니 있어야 되겠디고요. 그리려면 보증금이 있어야 되잖아요. "야, 우리 보증금 출자하자!" 그렇게 엄마들이 500만 원씩 출자하기로 그 자리에서 결정합니다. 그래서 4,500만 원이 모였습니다. 엄마들이 출자한 협동조합이 만들어진 겁니다.

장사도 잘돼요. 거기서 성미산학교 급식 위탁경영도 했고요. 특히 명절 때 주가를 발휘합니다. 제수 음식이죠. 우리 집을 예로 들면, 제가 아들 삼형제 중에 막내예요. 그러니 집사람도 서열로 동서 중에 제일 아래죠. 그래서 집사람은 제 친가를 당일날만 가고 싶어 해요. 전날 가면 음식 만드는 데 고생이 이만저만이 아니거든요. 그러던 차에 동서 형님들을 "저기 있죠, 각자 좀 나눠서 해 갖고 와서 모이면 어때요?" 이렇게 꼬신 거예요. 다른 동서들도 좋다고 했죠.

이제 우리 집사람이 어떻게 할까요? '동네부엌'으로 달려갑니다. 동그랑땡 이만큼하고, 산적 요만큼, 동태전 요만큼 주문을 하고는 다음날 아침 일찍 찾아가서 찬합에 다 담아 와요. 그래 놓고 우리 집에 가서는 "어머니, 제가 솜씨는 없지만……." 이러면서 내놓으면, 동서 형님들도 맛을 봅니다. (웃음) 맛이 좋아요. "야, 너 일하는 애가 언제 이렇게 음식 솜씨가 있었냐?" 이럽니다. 우리 동네에서 제일 손맛 좋은 대장금이 만든 거니까 맛있을 수밖에 없죠. 동네사람들이 이렇게 명절을 통과합니다. 그래서 '동네부엌'은 이 동네 엄마들의 가사노동 절반을 차지하는 요리 부분을 한꺼번에 해결해 주는 소중한 마을기업이에요.

하나만 더 얘기할게요. 마을에 '작은나무'라는 까페가 만들어진 이야기입니다. 여기도 아토피가 있는 아이가 등장합니다. 엄마들이 막걸리 한잔 하고 있는데 한 엄마가 약속 시간이 한참 지나도 나타나질 않아요. 전화를 걸어 보니, 아이 때문에 나올 수 없다는 거예요. 아이가 아토피여서 먹는 것 가려 먹이느라 아이와 매일 전쟁을 치르다시피 한다는 거예요. 낮에 아이스크림 가지고 전쟁을 했대요. 애들은 아이스크림 보면 환장을 하잖아요. 그런데 이 아이가 아이스크림을 먹으면 그날 밤 피가 철철 나도록 긁습니다. 여러분, 아토피 있는 분들이 있는지 모르겠는데, 엄마는 애가 잠잘 때 피가 나도록 긁으면 어떻게 뭘 할 수 있는 게 없어요. 애 옆에서 우는 것밖에 할 일이 없어요. 이 엄마가 너무 시달려서 우울증 증세까지 찾아온 거예요. 여기 엄마들이 그 전화를 받고서는, 그날 술판 내내 안주는 그 아토피 아이 엄마예요. "그 엄마, 그 애 어떻게 하면 좋으냐." 자기 일보다 더 심각해요. 마치 자기 집 애가 아토피 걸린 것 같이 걱정들을 해요.

그러다가 한 엄마가 "야, 아토피 아이들도 먹는 아이스크림 뭐 없겠냐?" 그러니까 "생협에 유기농 과일 있던데 그걸로 한번 만들어 보자.", "맞아, 우리 집에 안 쓰는 믹서기 큰 것 있다. 우리 집에 모여라." 이렇게 됩니다. 다음날 아침 10시에 모이기로 하고, 그 집 엄마는 인터넷 뒤져서 레시피를 찾고, 나머지 엄마는 생협 들러서 여러 가지 과일을 사 가지고 모입니다. 어떤 과일이 제일 잘되는지 알아야 되니까요. 아침부터 모여서 레시피대로 아이스크림 제작에 들어갑니다. 오후 2시나 되어서야 시제품이 나오자 아토피 아이를 부릅니다.

임상 실험을 해 봐야 되잖이요? (웃음) 아이스크림을 먹입니다. 에야 신났죠, 아이스크림을 먹을 수 있으니 말이에요. 그 다음날 결과를 기다립니다. 아침 7시가 좀 넘은 시간에, 아토피 엄마가 전화를 해 왔어요. "야, 아이스크림 또 없냐." 이러는 거예요. 성공한 겁니다.

그런데 그 순간 '아, 낚였다……. 이제 아이스크림, 우리가 해내야 되는 건가? 이 일을 어쩐단 말이냐.' 이런 고민에 빠지는데 한 엄마가 "야, 꼭 아토피 애들만 먹여야 되냐? 우리 집 애들도 먹이자." 그래요. "아, 그래. 그러면 이참에 아이스크림 기계 하나 사자. 30만원 주면 산다더라." 이렇게 또 엄마 다섯이 그 자리에서 6만원씩을 출자하기로 결정합니다. 30만원이 모입니다. 그리고 주문을 합니다. 그런데 아이스크림 기계가 도착했는데, 다들 기절을 합니다. 도착한 아이스크림 기계가 너무 큰 거예요. 전기밥통만 할 줄 알았거든요. 영업용 아이스크림 기계는 엄청 커요. 탁자만 해요. "이걸 누가 지고 사냐? 누구 집에 놓고 하냐?" 아무도 답이 없어요.

그러자 한 엄마가 "야, 이참에 가게 하나 차리자. 우리 사장 한번 돼 보자." 이렇게 말합니다. 이 엄마들 다섯 명이 얼마를 출자했는지 아세요? 제가 스케일이 너무 작았던 거 같아요. 저는 '동네부엌' 보고, 엄마들이 500만 원 정도는 꿍쳐 놓고 있다는 비밀을 알게 되었지만, 그게 아니에요. 엄마들은 1,000만 원 정도는 동원할 능력이 있어요. 평소 모아 둔 돈에 붓던 적금도 깨고, 융자도 받고 해서 이 엄마들이 1,000만 원씩 출자를 해서 5인의 협동조합을 결성하여 마을기업을 창업합니다.

본격적인 창업 준비회의가 시작됩니다. 아이스크림 가격을 얼마로 할지 얘기합니다. 한 엄마가 2천원으로 하자고 해요. 그랬더니 그냥 2천원이라고 하면 안 되고 이것도 장사니까 원가를 따져 봐야 한다고 합니다. 그래서 계산해 보니까 당연히 원가가 2천 원이 넘어요. 그런데 아이들이 먹을 거니까 2,000원 이상 가격을 받으면 안 된다고 해요. 양을 줄이자니까 그럼 아이들이 감질나서 안 된다는 거예요. 회의가 중단됩니다. 멍하니 있던 다른 한 엄마가 "야, 안 되겠다. 커피도 팔자. 어차피 어른들은 버린 몸, 어른들한테 커피 팔아서 남는 걸로 아이스크림 적자를 충당하자." 그때부터 다시 토론이 활기를 띠기 시작합니다.

동네에 '연두'라는 커피 전문점을 하는 아빠가 있었어요. 그 아빠가 폐업한 가게의 커피 기계를 아주 싼 가격에 사다 주었고, 오디오도 공짜로 갖다 줘서 설비비를 절약해서 커피숍을 개업합니다. 그래서 유기농 아이스크림과 커피를 파는 카페 '작은나무'가 탄생합니다. 그런데 이 엄마 다섯이서 장사를 하는데, 1년 내내 한 달도 흑자가 난 적이 없는 거예요. 1년 내내 적자인 거예요. 왜일까요? 아이스크림은 너무너무 잘 팔리는데 커피는 안 팔리는 거예요. 울상이 됐어요.

그때 한 엄마가 그 집을 들락거리다가, "야, 가게 확장해." 이러는 거예요. '지금 누구 염장 지르나. 지금 엎어지게 생겼는데 가게를 확장해?' 속으로 이렇게 생각 중인데, "야, 아이스크림은 잘 팔리고 커피가 안 팔려 적자라면서? 누가 여기 와서 커피 사 먹냐?" 얘기를 들고 보니 또 그래요. 자리가 좁아서 탁자가 두 개밖에 없었어요. 그러니 뒷담화가 안 되는 거예요. 누가 동네에서 트레이닝복 바람에 테이크아웃 하겠어요? 게다가 밀담도 안 되니까 커피가 안 팔리는 거예요. 그러니 가게 확장하라는 말이 맞는 거예요.

마침 옆에 식당 자리가 하나 나옵니다. 이 엄마들 덜컥 또 계약합니다. 그러고는 겁이 좀 났는지 보통은 명도 날짜가 한두 달인데, 3개월로 명도 날짜를 바꿔 놨어요. 그래 놓고 그 다음날 가게에다가 '작은나무가 망하게 생겼습니다. 출자를 해 주세요.' 라고 방을 붙입니다. 결론부터 먼저 말씀드리면, 한 달 동안에 3,300만 원이라는 거금이 출자됩니다. 기적이죠. 내용은 이렇습니다.

마을에 '자담(자연을 담은 건축)' 이라는 건축회사가 있었는데, 가게 확장하는 데 필요한 인테리어 비용을 뽑아 달라고 해서 견적을 받았어요. 견적 내준 지 일주일이 지나도 이쪽에서 답이 없으니까 건축회사 실무자가 차 마시러 찾아와서 잘되고 있느냐고 물었어요. "어, 돈이 없어서 아직……." 그랬더니 그 사실을 실무자가 사장한테 보고했나 봐요. 견적 낸 죄로 사장이 낚인 거죠. (웃음) 그래서 자담이 800만 원 상당의 인테리어 용역을 기부하기로 했습니다. 그러자 연이어서 두레생협이 500만 원을 기관출자 한다고 합니다. 생협은 당시에 연 40억 정도의 매출을 올렸어요. 그런데 항상 제로 손익이에요. 이윤이 안 남아요. 이런 식으로 다 마을 공헌을 하기 때문이에요. 그래서 인큐베이팅이 되면 그 출자금을 다시 회수해서 다른 사업에 출자를 또 해요. 그렇게 목돈 500만 원이 작은나무로 출자가 된 거죠. 또 마을에 대동계라는 모임에서 무이자 500만 원을 빌려줬어요. 이렇게 1,800만 원이 한꺼번에 해결됐어요.

그러고 나니까 3만 원, 5만 원 소액출자들이 쇄도를 하는 거예요. 동네 사람들이 와서 "얼마나 출자가 됐어? 그래 가지고 언제 하겠어?" 그 다음날 또 와요. "얼마나 출자가 됐어?" 동네 사람들이 안달이 나고 궁금한 거예요. 평소에 까칠한 아빠가 있어요. 이 아빠는 커피를 두 잔 이상 먹으면 잠이 안 오는 사람이에요. 그런데 위기에 처했다니까, 두 잔 이상 먹으면 잠이 안 온다는 이 아빠가 퇴근길에 들러서는 오늘 넉 잔째라며 테이크아웃해 가는 거예요.

어떤 엄마는 평소에 시누이하고 명절 두 번 외에는 쳐다도 안 보는 사람인데, 시누이한테 전화해서 출자하라고 권합니다. 위기에 처하니까 사람들이 막 들고 일어나는 거예요. 한 달 사이에 모금이 완료됐어요. 기적이죠. 처음에 가게를 열었던 다섯 엄마가 주변에 아무런 얘기를 한 게 없어요. 망하게 생겼다고 얘기한 것밖에 없어요. 그런데 동네사람들은 이 '작은나무' 스토리를 알고 있는 거예요. 아토피 아이로 시작이 됐고, 지금은 동네 사랑방이라는 걸 알아요.

'작은나무'의 풍경을 제가 묘사해 볼까요? 아이 둘이 앉아서 머그잔을 옆에 놓고 책을 점잖게 봐요. 옆 테이블에서는 엄마 셋이서 수다를 떨고 있어요. 아이와 어른이 뒤섞여 지내는 공간이에요. 물론 아이 머그잔에는 핫초코가 들어 있고, 점잖게 보는 이 책은 만화책이죠. 하지만 어쨌든 겉에서 보면 아주 품위 있어요. 저녁때가 되면, 아빠들이 와서 뒤풀이하면서 맥주를 마셔요. 날이 추워지니까 정종 대

푸를 띠 마셔요. 마은 사랑방이고, 마을이 온갖 역사가 여기서 이뤄
져요.

여러분, 아이디어는 회의할 때 잘 안 나오는 것 아시죠? 아이디어
는 뒤풀이 때, 수다 떨 때 나와요. 창의성이요? 지식의 축적과 어느
날 순간적인 창발? 아니에요. 뻘소리 해도 뻘쭘하지 않은 관계에서,
편안한 공간에서 창의는 나오는 법이거든요. 그래야만 세상과 사물
을 다르게 볼 수 있거든요. 어쨌든 '작은나무'에는 그런 창의가 일어
나고 있고, 헛소리해도 전혀 뻘쭘하지 않은 관계가 살아 숨 쉬는 사
랑방이기 때문에 마을의 온갖 일들이 여기서 다 작당돼요.

마을의 모든 일들은 필요한 사람들이 나서서 일을 벌이면, 반대하
는 사람은 가만히 있습니다. 우리는 이것을 '고운 눈길로 본다'라고
이야기합니다. 성미산학교는 다섯이 시작했고, 성미산 마을극장은
셋이 시작했고, 성미산 밥상은 둘이 시작했고, 마을의 모든 일이 다
섯 명 이하의 하고 싶은 사람이 시작했어요. 그중에 진짜 하고 싶었
던 사람은 한 사람이에요. 한 사람이 뻘이 꽂히고 올인하면, 절반 꽂
힌 사람 둘이 나타나고, 3분의 1 꽂힌 사람이 셋 나타나게 되어 있어
요. 벌써 여섯 명이에요. 세상에 6명이면 못할 일은 아무것도 없어요.
그런데 이 6명 모두가 올인하면 어떻게 돼요? 산으로 갑니다. 일이
안 됩니다. 중요한 것은 한 사람, 진짜 하고 싶은 한 사람이에요. 그게
여러분이면 돼요. 내가 그 사람이면 돼요.

사람이 없어서 일 못 한다고 그러죠? 아니에요. 좋으면 자기가 하
면 되는데, 남 시키려니까 안 되는 거예요. 자기가 하면 돼요. 성미산

마을은 진짜 하고 싶은 한 사람들이 스스로 움직여서 여러 가지를 다 만들었어요. 그래서 마을 주민 전체를 다 모으는 회의나 조직은 없어요. 물론 마을 전체에 위기가 닥쳐올 때는 예외입니다. 성미산이 위기에 처하는 경우가 그런 경우이지요. 그 외 평소에는 그냥 네트워크 방식으로 필요에 따라서 필요를 느끼는 사람끼리 연결해서 도모하고 다시 헤어지고 또 필요하면 연결하고 그런 식으로 합니다. 이렇게 마을살이를 어느덧 17년을 해 오고 있습니다. 자, 이제 여러분이 질문하고 제가 답하는 시간을 가질게요.

주민이 100명이면 마을이 100개다

청소년　성미산마을의 일원이 되려면 이사를 가야 하나요?

유창복　이사 안 오셔도 되고 이사 오셔도 됩니다. 이 동네가 TV에 한 번 나온 적이 있어요. 〈다큐멘터리 3일〉이라는 프로그램인데, 이 동네에서 오랫동안 살아오신 한 할머니가 그 프로그램을 보시다가 "어, 어디서 많이 보던 동넨데? 성미산마을이라고? 성미산마을이 어디지?" 이러셨데요. 이 동네에서 30년 넘게 살아오신 원주민이 정작 성미산마을을 모르시는 거예요. 아랫집에 누가 사는지 모르는 게 도시잖아요. 쓰레기 버리다가, 주차하다가 다투면서나 알지 어떻게 알겠어요. 그런데 이사 온 지 6개월도 안 됐는데 한 10년 산 것 같은 사람들두 있어요.

성미산마을은 '관계'의 커뮤니티예요. 내가 접속한 순간 마을이 되는 거예요. 접속하는 그만큼만 마을인 거지요. 저는 17년 동안 활동했기 때문에 저보고 마을을 설명하라 그러면 3박 4일을 얘기해도 부족해요. 생협에만 접속한 마을 주민이 있을 수 있어요. 마을 활동을 하나도 안 하지만 생협이 너무 좋은 거예요. 그 사람의 마을은 딱 그만큼이에요. 저의 마을은 3박 4일을 이야기해도 모자랄 만큼이에요. 그런데 누구 마을이 옳아요? 둘 다 옳아요. 그래서 어떤 마을이 진짜 마을인지 어느 마을이 옳은 마을인지 정의해 보자고 토론하는 순간, 무슨 일이 벌어질 거 같아요? 권력이 발생해요. '내 마을이 옳아, 내가 오래 살았거든? 너 모르지? 옛날엔 다 이랬어.' 이게 권력이에요.

권력이 작동하면 소통이 안 돼요. 당신의 마을이나 내 마을이나 다 성미산마을인 거지요. 주민이 100명이면 마을이 100개예요. 그리고 그 100개 모두가 달라요. 사실은 달라야 서로 소통을 하는 거예요. "우리 마을은 아침에 이랬어. 너네 마을은 어땠는데?" 이렇게 자기 마을을 이야기하면서 소통이 이뤄진다고 봅니다. 그런데 마을을 하나로 정의하는 순간, 소통은 사라지고 권력이 작동하죠. 그러면 하나의 마을에 대한 표상만 떠 있게 됩니다. 여러분, 성미산 마을은 "성미산마을 사람들!" 이렇게 호명하면 다 쳐다봐야 될 것 같은 그런 마을이 아니에요. 그래서 접속하는 만큼, 접속하는 순간 마을이 생긴다고 생각하시면 맞을 것 같아요. 이사 안 오셔도 돼요. 하지만 동네에서 따로 약속하지 않아도 오다 가다 만나고 인사하고 수다 떨고 그래야 관계가 쌓이고 재미있지 않겠어요?

청소년　저희는 얼마전 변산공동체에 갔다 왔어요. 성미산마을도 그런 공동체 마을이잖아요. 변산공동체는 바깥이랑 약간 단절된 느낌이 들었는데, 성미산도 그런가요?

유창복　예리하시네요. 변산공동체보다는 좀 덜할 겁니다. 변산공동체는 공동체적인 틀이나 자기 문화가 좀 더 강한 것 같아요. 여기도 물론 문턱이 있어요. 예를 들면 생협에서 일주일에 한두 번 물건만 사는 그만큼만 마을인 주민이 어느 날 생협에 갔는데, 어떤 엄마 둘이 별명을 부르며 너무나 반갑게 인사를 하고 있는 거예요. 갑자기 뻘쭘해져요. '어, 여긴 친한 사람들끼리만 마을이고 나는 객인가? 빨리 나가야지.' 이런 위화감이 들기 시작해요. 이게 생협 이사회에 의제로 올라왔어요. 왜 너희들만 별명 쓰냐는 불만이 있다는 거예요. 위화감을 느낀대요. 별명을 쓰는 건, 공동육아가 지역으로 파급되면서 생긴 문화거든요. 공동육아의 전통을 갖고 있지 않았던 주민이 접속한 경우에는 생소한 문화예요. 그래서 이사회에서 결정을 내렸어요. 오프라인에서 별명 쓰는 것까지는 어찌할 수 없지만 온라인에서만큼은 실명을 쓰기로 하자고 한 거지요. 이 결정에 조합원들의 반응은 어땠을까요? 이사회의 결정대로 실명을 씁니다. 그리고 괄호 치고 별명을 씁니다. 이건 어떻게 할 수가 없는 거예요. 그런데 '아, 우리가 생협에서 만나면 덜 반가워해야 하나? 우리가 뭐 죄졌나? 우리가 뭐 잘못하고 있나?' 이런 의문이 들기 시작합니다. 저도 그랬어요. 지역 주민들 만나면 "저희가 진한 초록색인 줄 알고 계시죠? 사실 저희는 연두색이에요. 너무 진하게 보지 마세요." 이렇게 제가 설득하고 있더라고요. 그런데 어느 날 '초록색이면 안 돼? 죄졌어?' 저한테도 이런 의문이 들기 시작했어요. 그때 저는 생각을 바꾸었어요. 내가 초록색임을 자신 있게 얘기합니다. 부러우면 오세요. 재밌을 것 같으면 오세요. 안 막습니다. 그런데 간다면 살짝 잡을 겁니다.

경계라는 것은 불가피해요. 하지만 그 경계의 담이 높거나 도랑이 넓거나 깊으면 안 되죠. 열린 경계인 것이 중요합니다. 오고 싶을 때 오고, 얼마든지 들락거릴 수 있는 열린 문화가 중요합니다. 그래서 문턱을 어떻게 낮출까가 고민입니다. 하지만 우리의 색깔을 거짓으로 설명할 생각은 추호도 없습니다. 나는 나대로 그대로 얘기하고 싶어요. 그래서 이곳이 재미있겠다고 생각하는 사람이 함께 하자고 할 때 기꺼이 함께 하고 싶어요. 대신 "이런 게 있어."라고 알리는 일을 성의 있게 할 필요는 있겠지요. 그래서 성미산극장을 만들었어요. 말로는 요새 설득이 안 돼요. 말을 하면 할수록 싸우는 시대거든요. 언어적 소통이 요샌 너무 비효율적이에요.

예를 하나 들어 볼게요. 평소에 제가 이 친구하고 친해요. 그래서 회의 때 마음에 안 드는 소리를 하면 "으이구, 어제 집에서 뭔 일 있구나?" 그리고 2, 3일 후에 툭 치면서 "잘돼 가?" 하고 맙니다. 그런데 만약 평소에 저랑 사이가 안 좋으면 어땠을까요? 여러분, 미운 놈

이 바른 소리 할 때 제일 재수 없는 거 아세요? 결국은 뭐예요? 이 사람과 나 사이가 수용적 관계에 있느냐 없느냐 차이예요. 수용적 관계가 없으면 진실이 진실로 상대에게 전달이 안 되요. 수용적 관계가 있으면 개떡같이 이야기해도 찰떡같이 알아들어 주거든요. 이 수용적 관계를, 저는 말로 열심히 소통하면 만들어지는 줄 알았어요.

그런데 수용적 관계를 만드는 가장 좋은 방법은 함께 노는 것이고 언어적 소통보다는 비언어적이고 몸으로 함께 하는 공감이 훨씬 소통의 성능이 높고 수용적 관계를 만드는 데 효율적이라는 느낌을 동네 축제를 하면서 느꼈어요. 저는 예술로 놉니다. 여러분, 제가 배우인데 혹시 눈치 채셨어요? 배우 포스가 안 느껴져요? (웃음)

제가 이래 봬도 주민배우예요. 동네에서만 알아주는 배우라는 뜻인데요. 마을에 극단이 있어요. 제가 거기 4년차 배우입니다. 제가 창단 배우예요. 예술로 놀기 시작하니까 너무 좋아요. 내가 하고 싶은 진심의 소통이 뻘쭘하지 않게 잘 오고 가게 해 주는 매개가 예술이 아닌가 하는 생각이 요즘 들었어요. 마을에 예술 동아리들이 참 많아요. 매일 모여서 3시간 연습하고 5시간 뒤풀이를 하죠. (웃음)

청소년 공부하는 모임은 없나요?

유창복 공부하는 모임도 있죠. 인문학 모임도 있고, 역학을 공부하는 모임도 있어요. 이것도 잘 알려지진 않아요. 하고 싶은 사람이 자기 주변 사람하고 모여서 해 버리고 마니까요. 게시판도 하도 많아서 어디서 뭘 하는지 다 꿰기가 어려울 정도예요. 그러다가 극장에서 스토리텔링이나 시 낭송을 한다고 하면 가서 봐요. "아, 그런 게 있어? 그럼 6개월 동안 시 읽었던 거야? 나도 하고 싶어.", "들어와." 껴 줍니다. 이런 식으로 일이 벌어지고 관계가 확장되는 거예요.

최근에 책방도 하나 생겼어요. 개똥이네 책놀이터예요. 변산공동체의 윤구병 선생님과 지인들이 집을 얻어서 동네 아이들이 책과 함께 놀고 그 바람에 어른들도 함께 친해지면 좋겠다는 희망으로 만든 그런 공간이에요. 아이들을 위한 책과, 또 아이와 엄마, 아이와 아이끼리 놀 수 있는 공간이 지하에 있어요. 아마 이게 또 마을 어린이들이 '우리도 엄연한 주민이야!' 라고 자기 존재감을 드러내는 대단히 훌륭한 공간으로 발전할 것이라고 기대하고 있어요.

청소년 생업은 어떻게 하나요? 뭘로 먹고살아요?

유창복 저를 포함해서 대부분의 사람들은 생업이 따로 있어요. 먹고사는 돈은 따로 벌어요. 저의 경우, 생업은 따로 있고 직업은 성미산마을극장 대표인 셈이지요. 대체로 마을 사람들은 바깥에서 돈을 벌고, 동네에서 쓰지요. 그래서 힘들어요. 퇴근하고 와서 마을 일을 해야 되니까요. 몇 년 전부터는 변화가 생겼어요. 작게 시작한 일이 자꾸 커지니까 그걸 전담할 사람이 필요해진 거예요. 전담할 사람은 처음엔 동아리처럼 하던 사람 중에서 자천타천으로 대표가 만들어져요. 그 사람이 반상근, 비상근을 하다가 일이 더 커지면 상근을 하게 돼요.

그런데 처음에 모여서 같이 으싸으싸 해서 일을 나눴는데, 그 사람만 상근이든 반상근이든 활동을 시키려니까 혼자 짐을 지우는 것 같아서 좀 미안한 거예요. 그래서 그 활동에 수익이 생기면 일부를 그 사람에게 활동비 명목으로 조금 보상해요. 그래야 조금 덜 미안하니까요. 그 돈을 월급이라고 이야기하기엔 액수가 좀 적지만 소중해요. 그래서 우리는 급여라고 표현하지는 않고, 활동비라고 해요. 그런데 마을에서 이렇게 벌어지는 일들이 많아지니까 마을에서 상근 활동비를 받으면서 마을살이를 하는 분들이 150명이 넘게 됐어요. 어쩌면 자기 살림의 전부를 이 활동비로 해결하는 분들도 있고, 아니면 맞벌이의 일환으로 하는 분들도 있어요. 자기 옆지기도 벌고, 자기도 마을에서 버는 이런 분들도 있고요.

청소년 성미산학교에서는 학생들의 의견을 포용하는 시스템이 어떻게 되어 있나요?

유창복 요새는 제가 학교 일을 하지 않아 잘 모르겠습니다만, 가장 크게는 '식구총회'가 큰 소통의 장이에요. 그리고 학교 초기에는 무슨 일만 벌어지면 무조건 긴급 식구총회를 했어요. 아무리 작은 일이라도 전체가 다 모여서 했고요. 또 학년별 모임이 있어서 학년 대표들이 의사 개진을 하는 구조가 있어요. 핵심적인 것은, 교육과정을 짤 때 학생 당사자가 참여를 한다는 것이에요. 기본 교과를 제시하고 자기기 선택해서 들이기요. 기본 교과라는 것은 국어, 영어, 수학이에요. 국어는 우리나라 사람들끼리 소통하는 거고, 영어는 외국 사람하고 소통하는 거고, 수학은 이공학적 소통의 언어잖아요? 세 가지의 소통 언어는 기본 과목으로 하고, 나머지는 오후에 프로젝트 수업으로 합니다.

프로젝트 수업은 프로젝트 예시를 몇 개 하기도 하지만, 마음에 드는 게 없으면 자기가 프로젝트를 제안합니다. 자기가 어떤 것을 한 학기 동안 몇 학점을 하고 싶다면 학점 승인 절차대로 프레젠테이션을 해서 타당하다고 여겨지면 승인받고, 학기말에 학업 성취를 증명하면 학점이 인정돼요. 그런 형태로 수업 과정을 스스로 짜게 해요.

이 학교에서 얻을 게 없다고 생각하는 사람들도 있어요. 그런 경우에는 다른 학교 가는 것을 권장합니다. 꼭 이 학교에서 졸업해야 한다고 주장하지 않습니다. 이 학교에서 모든 아이를 잘 키울 수 있다고 생각하지 않아요. 학생이 열 명이면 학교 열 개가 필요할 정도로 각자 고유한 호흡과 기질이 있어요. 그래서 쉽지는 않지만 각자의 다른 호흡, 다른 개성들을 각자 살리는 방향으로 전체가 움직여 줘야 해요. 이걸 감당하지 못하면 다른 공간에서 학습을 할 수 있도록 배려해 주는 게 맞다고 생각해요. 그래서 교환학생 제도를 운영합니다. 외국으로 교환학생을 가는 학생들도 있고, 또 국내 다른 대안학교에 교환학생을 가기도 하죠. 교환학생을 가서 안 오는 애들도 있어요. 이건 좋은 일이죠. 가서 잘 지내고 있다는 거니까요. 그런데 "아유, 여기도 힘들어요, 돌아갈래요." 그러면 백 홈, 여기서 다니는 거예요.

성미산학교는 그런 의미에서는 베이스캠프 같은 역할을 하는 셈이지요. 이런 형태로 조금 다양한 형식으로 자기 교육과정을 설계할 수 있도록 배려를 하려고 노력을 하는데, 역시 당사자인 학생 입장에서는 부족할 때가 많겠죠. 그건 아마 제도가 갖는 불가피한 한계일 수도 있을 거 같아요. 모두에게 맞추고 싶지만, 모두에게 다 맞출 수 없는 자원의 한계라는 것도 있는 것이고요.

청소년 자원의 한계라는 것은, 경제하고도 관계되는 거죠?

유창복 네, 물론 경제하고도 관계가 됩니다. 다양한 선생님들을 초대하고 싶은데 무료로 초대할 수 있는 분들도 있고, 약간의 사례를 해야 하는 경우도 있어요. 그 비용들에 대해서 국가 지원을 못 받으니까 부모가 수업료로 다 감당해야 하는데, 부모들에게는 부담이 되기도 하죠. 이런 어쩔 수 없는 경제적인 문제가 있습니다. 그래서 성미산학교는 교육의 다양한 콘텐츠 문제를 해결하는 방법으로 마을학교라는 개념을 가져온 거예요. 마을에 다양한 자원들이 많거든요. 그 분야에 전문성도 많고요. 저도 경제 쪽 전문가이기 때문에 1, 2년 동안 중학생들과 경제 수업을 했어요. 그런 형태로 전문적인 인적 자원을 교육 자원으로 끌어들이려고 노력하고 있죠. 그래서 담임선생님은 십여 명이지만 강사는 50~60명 돼요. 그런 식으로 다양한 콘텐츠를 연결하려고 합니다.

청소년 성미산 학교에 운동장이나 체육관은 있나요?

유창복 없어요. 이게 참 가슴 아픈 일이지요. 그래서 바깥 수업을 집중적으로 많이 합니다. 운동장은 없고 다목적실이라고 70~80평쯤 되는 약간의 실내 공간이 있어서 그나마 거기서 좀 움직이긴 합니다. 운동장을 마련하려면 서울에서는 천문학적인 돈이 들기 때문에 불가능한 일이죠.

축구 같은 운동을 할 때 인근의 초등학교 운동장을 빌려서 이용하려고 시도해 봤는데 그 학교에서 반대를 했어요. 본교생들과 어울리다가 갈등이 생길까 봐 염려를 한 모양입니다. 학교를 관리하시는 분들 입장에서는 불편하기도 하겠지요. 또 기존 학교라는 것은 뭔가 문제가 생기면 큰일 나기 때문에, 잘하기 위해서 노력하는 것보다 문제가 생기지 않게 노력하는 경우가 훨씬 많아요. 보수적이고 소극적이죠. 그래서 잘 안 됐어요.

자, 시간상 이것으로 마치도록 할게요. 좋은 이야기 많이 나눈 것 오래 기억하겠습니다. 고맙습니다.

현대적 서원을 함께 만드는 꿈

박성준
길담서원 대표

여러분은 자기가 꿈꾸는, 내가 정말로 갖고 싶고, 나의 행복에 직결되는 코뮤니타스=품=공동체를 함께 만들어 보고 싶지 않으세요? 비록 그러한 품이 현실 속에 아직 존재하지 않는다 할지라도 여러분은 그 품에 대한 꿈을 간직하고 살아야 하지 않을까요? 그 꿈을 이루는 것이 아무리 힘들고 어렵다고 해도 쉽게 포기해서는 안 되겠지요.

박성준

서울대학교 경제학과를 졸업하고 일본 릿쿄대학교에서 신학 박사 학위를 받았다. 미국 유니언신학대학원과 퀘이커학교 Pendle Hill에서 평화학을 연구했다. 성공회대학교 NGO대학원에서 평화학을 강의하면서 '아름다운가게' 공동대표와 '비폭력평화물결' 대표로도 일했다. 지금은 길담서원 대표로 일하고 있다.

※ 길담 청소년 인문학교실에서 이 강의를 한 것은 2012년 1월이었지만, 지금 이 글을 정리하는 시점은 2014년 1월이다. 그래서 이 글 속에 나오는 길담서원에 관한 이야기는 현재 시점으로 업데이트(update)하였음을 밝혀둔다.

현대적 서원을 함께 만드는 꿈

"사람은 혼자 고립되어 살 수 없다."라는 말로부터 오늘의 이야기를 시작해 보지요.

이 말은 좀 진부하게 들리지만 엄청나게 중요한 진실을 담고 있어요. 여러분도 그렇지 않아요? 가족이 있어야 하고 친구가 있어야 하죠. 나 혼자 외톨이로 살 수 없죠. 사람은 '함께 하는' 존재입니다.

인류의 나이가 100만 년쯤 된다고 해요. 그 긴 세월 중에 인간은 자연과의 관계에서만 해도 냉혹한 시련을 무수히 겪어 왔어요. 그러면서도 인류가 절멸하지 않고 살아남을 수 있었던 건 무리를 지어 함께 살았기 때문이에요. 지진과 해일과 화산폭발, 가뭄과 홍수, 흉년과 기근, 게다가 수많은 생명을 앗아가는 전염병들, 그리고 무엇보다도 그 무서운 빙하기가 있었죠. 혹독한 추위가 북극으로부터 밀려 내려왔을 때 사람이 만일 함께 살지 못하고 외톨이로 있었더라면 어땠을까요. 얼어 죽는 것도 죽는 거지만, 그 이전에 무서움과 외로움 때문에 죽었을 거예요. '무리를 짓는다'는 것, 홀로 있지 않고 '서로 함께 있다'는 것은 이렇게도 중요한 겁니다. 그 무시무시한 빙하의 습격을 사정없이 받았던 지역에 살았던 사람들은 무자비한 자연의 폭력 앞에서 추위와 공포와 굶주림에 떨며 죽을 고통을 겪었을 것입니다.

그러나 인간은 무리를 지어 함께 살았기 때문에 서로 의지하고 서로 돕고 가진 것을 나누며 아이들을 함께 보호하고 기르며 살아남았습니다. 인간이 함께 무리지어 살고 있다. 이 '함께 무리지음', 이것이 오늘 우리들의 공부 주제인 '품' = 공동체의 한 중요한 요소입니다.

품, 가치 있는 무언가를 함께 하는 것

오늘 우리의 이야기 주제는 '품'(=공동체)입니다. 공동체는 영어로 community인데 우리는 이 공동체를 순수 우리말로 '품'이라고 부르려고 합니다. community의 어원은 라틴어의 communitas라고 합니다. 코뮤니타스란 "가치 있는 무언가를 함께 하는 것"을 뜻한다고 해요. '함께 한다'는 것, 이것이 품(=공동체)의 핵심입니다.

그럼, 인간이 무리를 이루어 가치 있는 일을 함께 하는 품 = 공동체에는 어떤 것이 있을까요?

여러분 말해 보세요. 네, 집 = 가정이 있죠. 학교가 있죠. 친구들로 이뤄진 동아리도 있군요. 그렇죠. 일터가 있죠. 일터 = 직장은 아주 중요한 품이죠. 그리고 또 교회나 성당이나 절 같은 종교단체도 있군요. 그 밖에 시민들이 공동의 목표를 실현하기 위해 결성한 시민단체도 있고 노동자들의 조직인 노동조합도 있네요. 씨족이나 부족, 민족 같은 종족공동체, 마을공동체가 있고, 사회나 국가, 더 나아가서는 유럽

공동체(EU)나 유엔(UN) 같은 아주 큰 단위의 품 = 공동체도 있지요.

이렇게 수많은 다양한 품들 중에서 '나'라는 개체의 행복에 가장 직접적으로 영향을 미치는 것은 어느 것일까요? 그리고 그 품을 지탱해 주는 '가치'는 무엇이어야 할까요? 이것이 오늘 우리가 함께 생각해 볼 주제입니다.

품의 원초적인 형태는 가족입니다. 가족이라는 품은 생물학적 성격이 강합니다. 사람은 짝을 지어 자녀를 낳음으로써 생물학적 DNA를 다음 세대에게 전수하죠. 그래서 자녀의 존재 속에 나 자신의 일부를 옮겨 놓죠. 그렇게 함으로써 자기 자신을 미래의 존재로 만듭니다. 즉 나라는 개체가 소멸되어도 자녀의 존재 속에 나의 존재의 어느 요소가 옮아가 미래에도 죽지 않고 살아가는 거죠.

여기서 잠깐 옆길로 들어가 보죠. 요즘 한국 사회에 소위 '얼짱' 문화가 유행하지요? 여러분은 이 얼짱 문화에 대해 어떻게 생각해요? 자녀는 태어날 때 부모로부터 받아가지고 나온 얼굴이 있죠. 이것은 나의 '제1의 얼굴'입니다. 이 얼굴은 내가 만든 얼굴이 아니고 부모님으로부터 받은 얼굴입니다. 나는 이 얼굴에 대해서 아무것도 한 것이 없어요. 이 얼굴이 잘 생겼다고 해도 그것이 나의 노력의 결과는 아닙니다. 그 얼굴에 내가 기여한 것이 아무것도 없는 것이지요. 그러므로 우리는 내 얼굴이 남들보다 좀 잘생겼다고 해서 자랑해서는 안 됩니다. 요즘 유행하는 '얼짱' 문화는 잘못된 문화입니다. 그것은 자기 자신의 노력의 결과가 아닌 것을 가지고 내가 남들보다 잘났다고 생각하는 어리석고 미성숙한 태도이기 때문입니다. 또한

이러한 문화를 용인할 뿐만 아니라 용모에 가치를 부여하고 사회적
으로 우대하기까지 하는 것은 유치하고 저열한 가치관입니다.

「제1의 얼굴」과 「제2의 얼굴」

스페인의 철학자 오르테가 이 가세트는 "호랑이는 완성된 존재로
태어나고 인간은 미완성의 존재로 태어난다."고 했어요. 생각해 보면
호랑이에게는 살아가면서 스스로 완성시켜야 하는 '제2의 얼굴'이
없는 거죠. 그러나 인간은 태어날 때 부모에게서 받아가지고 나온
'제1의 얼굴'로만 살아가는 것이 아닙니다. 인간은 태어난 이후에,
특히 철이 들어가면서 제1의 얼굴이 아닌 또 하나의 얼굴, '제2의 얼
굴'을 스스로 만들어야 합니다.

사람은 인생을 살아가면서 친구관계, 사제관계, 동지관계 등 사회
문화적 관계를 맺게 되는데, 이 관계로부터 생물학적 DNA가 아닌 지
적·정신적·문화적 DNA를 전수받게 됩니다. 물론 부모와 자식 관
계에서도 이러한 DNA를 전수받을 수 없는 것은 아니지만 더 중요하
게는 친구관계, 사제관계, 동지관계 등의 사회 문화적 관계 속에서
이러한 지적·정신적·문화적 DNA를 집중적으로 전수받게 됩니다.
부모로부터 받은 '제1의 얼굴'이 아닌 나의 '제2의 얼굴'이 형성되
는 것은 이 관계에서입니다. 이 두 번째 얼굴이 만들어지기 이전 단
계의 나는 아직 성숙한 자아自我로서의 존재가 아닙니다. 독서와 교

우관계아 사희생활을 통채 자아가 성숙해 가면서 나의 '제2의 얼글'
이 형성되어 갑니다.

여러분, '괄목상대刮目相對'라는 사자성어를 아시지요? 무슨 뜻이
지요? 친구를 한동안 못 만나다가 오랜만에 만나고 보니 그 친구인
것은 분명한데 얼굴이 달라져 있는 거예요. 눈에는 깊은 생각이, 꼭
다문 입술에는 의지가, 두 뺨에는 밝고 따뜻한 기운이 넘치고 있었어
요. 그동안 못 만나는 사이에 그 친구는 좋은 책으로 깊이 있는 독서
를 했던 거예요. 그래서 그의 얼굴이 '제2의 얼굴'로 변모했던 것입
니다. 성경책에 나오는 "거듭난다born again"는 말도 이런 변화를 말
하는 것이 아닐까 싶어요.

'제2의 얼굴'이 만들어지는 이 단계에서 길담서원 같은 인문학적
인 배움과 친교의 품, 일터＝직장이라는 품, 시민사회단체나 노동조
합 또는 정치적 결사結社의 품, 교회나 성당, 절 같은 종교의 품이 중
요해집니다. 특히 한 인간의 생애에서 20년 가까이 몸담게 되는 학교
라는 품은 가정이라는 품에 못지않게 중요하지요. 요즘 학교가 망가
졌다, 교실이 파괴되었다, 교육이 위기다, 라는 이야기를 자주 듣는
데, 우리는 반드시 이 교육문제를 올바르게 해결해야 합니다. 혁신이
나 개혁이 불가능하다면 새로운 학교를 '발명'이라도 해야 할 것입
니다.

여러분은 자기가 꿈꾸는, 내가 정말로 갖고 싶고, 나의 행복에 직
결되는 코뮤니타스＝품＝공동체를 함께 만들어 보고 싶지 않으세
요? 비록 그러한 품이 현실 속에 아직 존재하지 않는다 할지라도 여

러분은 그 품(=공동체)에 대한 꿈을 간직하고 살아야 하지 않을까요? 그 꿈을 이루는 것이 아무리 힘들고 어렵다고 해도 쉽게 포기해서는 안 되겠지요. 꿈을 포기하는 순간 현실은 더 어둡고 춥고 삭막한 곳으로 변해 버릴 테니까요. 내 마음속에 아름다운 꿈이 있으면 비록 나의 현재가 고통스러운 것일지라도 따스한 기운이 내 안에서 살아 있어서 그 고통을 감내할 수 있게 해줍니다. 나에게 꼭 필요하지만 아직 존재하지 않는 것을 꿈꿔 보세요. 오늘의 꿈은 꿈꾸는 과정을 통해서 미래의 어느 순간에 현실이 됩니다. 여러분이 이렇게 와서 공부하고 있는 이 '길담서원'이라는 품을 한 예로서 이야기해 볼게요.

나는 한평생 나름 열심히 살아온 편이었어요. 그런데 68세가 되었을 무렵 일흔을 바라보는 나이에 내가 "인생에서 길을 잃었다"는 것을 깨닫게 되었어요. "아, 내 인생이 실패작이로구나!"라는 허탈감에 사로잡혔어요. 내 인생에 이루어 놓은 것이 없다는 사실은 견딜 수 있었지만, "무엇이 옳은 것이며 진실인가?"라는 물음 앞에서 내가 "이것이다!" 하고 내놓을 답을 가지고 있지 않다는 사실은 견디기 어려웠어요. 말할 수 없는 허전함과 외로움을 느꼈죠. 이럴 때 달려가 심중을 호소하고 도움을 청할 친구를 생각해 보았더니 그럴 만한 친구조차 내게 없다는 걸 알게 되었어요. 여러분, 좋은 친구를 갖는 것은 인생에서 말할 수 없이 중요한 일입니다. 좋은 친구를 얻기 위해 노력하세요. 친구가 없는 자가 진정한 실패자입니다.

나는 인생에 "길을 잃었다"라고 자인하였습니다. 날은 저물고 사방은 어두워져 오는데 산속에서 길을 잃은 나그네와 같은 신세였다고 할까요. 그러면 이제 무엇을, 어떻게 할 것인가? 단식하고 누워앉아 있을 것인가, 다시금 일어나 길을 찾아 나설 것인가를 나 자신에게 물었지요. 그때 나의 내면에서 들려온 대답은 "늦었지만 다시 시작하자."라는 것이었어요.

"무엇이 옳은 것이고 진실인가? 산다는 것은 무엇이며 죽는다는 것은 무엇인가? 그 해답을 찾는 공부를 지금 다시 시작하자. 그 공부를 벗들과 함께 할 수 있는 품을 하나 만들자."라고 마음먹은 것이었지요. 그게 오늘의 길담서원이 된 것입니다. 목마른 길손이 자신이 마실 물을 얻기 위해 옹달샘을 파듯이 길담서원이라는 인문학 공부의 작은 우물터를 만든 것이지요. 지난 6년 동안 길담서원은 가지가 무성한 나무처럼 자라났고 많은 공부 친구들이 모여들어 나무 가지마다에 저 나름의 개성 있는 둥지를 틀게 되었어요. 이 책의 머리말에 자세히 밝혀 놓았지만, 여러분이 공부하는 이 청소년 인문학교실도 그 둥지들 중의 하나입니다.

현대적 서원을 함께 만드는 꿈

길담서원은 지금 하나의 꿈을 키워 가고 있지요. 우리 겨레의 서원 書院 전통을 이어받아 21세기에 걸맞은 현대적인 서원으로 발전시켜 보려는 꿈이에요.

저 아래 통인동에서 한 6년 가까이 지내고 최근에 옥인동 새집으로 이사를 왔지요. 공간도 한결 넓어지고 아름다워졌습니다. 길담서원은 금년 2월 25일에 만 여섯 돌을 맞이하게 됩니다만, 현대적 서원으로 발돋움하는 꿈이 이제는 손에 잡힐 듯 현실이 되어가는 느낌입니다. 그러나 길담서원을 현대적 서원으로 반듯하게 세워 놓는 일은 나의 세대에서 완성될 것 같지 않아요. 한 세대에서 다음 세대로 이어지는 꿈의 '바턴 터치'가 있어야 하겠지요. 무릇 좋은 품을 만들고자 하는 사람들은 꿈의 전승傳承이 필요합니다. 꿈을 공유하는 사람들이 그 꿈을 실현하기 위해 함께 힘과 지혜를 모아 땀 흘려 노력하는 가운데 당대에 그 꿈을 부분적으로 실현하고, 아직 실현되지 않은 꿈을 기록하여 다음 세대로 전승하는 것입니다. 전해 주고 전해 받는 가운데 꿈은 자라나고 영글어 갑니다. 당대의 성원들은 꿈의 부분적인 성취를 함께 누리고 향유하면서 품을 한걸음 또 한걸음 성숙시켜 나갑니다. 이 과정에는 난관과 시련도 따르겠지요. 하지만 그럴수록 함께 꿈꾸는 사람들 사이에 우정은 깊어지고 시련을 함께 극복한 친구들이 누리는 행복감 또한 클 것입니다.

이야기가 조금 따분하고 재미가 없죠? 조금 졸리는 사람도 있는 거 같은데, 곁길로 잠시 나가 볼까요.

나는 소년 시절에 잠시 어느 시골 고아원에서 살았던 적이 있어요. 그 고아원에는 누에를 치는 잠실蠶室이 있었는데요, 나는 거기서 누에에게 뽕잎을 주는 일을 하면서 누에의 생장을 지켜본 경험이 있어요. 애벌레 누에는 뽕잎을 엄청나게 먹어대죠. 아침에 뽕잎을 주고 점심때 가 보면 벌써 무럭무럭 자라 있죠. 누에는 차츰 몸이 투명해

기면서 꿈무기에서 비단실을 내기 시작해요. 그 비단 실로 자신의 육신을 감싸줄 집을 짓죠. 작은 럭비공 모양의 앙증맞은 흰 비단 고치를 다 짓고 나면 한동안 그 안에서 살아요. 그러나 누에는 그 아늑하고 아름다운 자신의 집, 생애를 건 작품인 '고치'라는 건축물 속에 결코 안주하지 않아요. 또 한 번의 '목숨을 건 도약'을 감행하죠. 고치 안에서 나방으로의 변태(變態:메타몰포시스)를 완성한 후, 고치를 뚫고 바깥 세계로 나오는 거죠. 그런 다음, 누에의 생애 최후의 '미션'인 알 낳기를 시작해요. 실로 엄청나게 많은 천문학적 수의 알을 낳죠. 이 일을 다 마친 후에 누에나방은 운명합니다. 한 생애의 성취입니다.

나는 이번에 길담서원을 옥인동 새집으로 이전한 후 일흔 다섯 번째의 생일을 맞았습니다. 내 나이가 75세가 된 거예요. 언제까지 내가 길담서원에서 일하게 될까? 일할 수 있을까? 자주 생각해 보게 돼요. 그래서 이번에 옥인동 새집으로 이사를 오면서 금후 5년간을 길담서원에서 일하도록 내게 주어진 마지막 남은 시간으로 삼아야겠다고 마음먹게 되었어요. 그런 요즈음에 저 소년 시절에 관찰했던 누에의 모습이 내 눈앞에 선연히 떠오르는 게 아니겠어요. '옥인동 새 시대'라고 이름 지은 길담서원에서의 나의 5년간은 누에의 생애에 비한다면 어느 단계에 해당할까? 고치 짓기일까, 알 낳기일까? 이런 생각을 하며 깊은 상념에 잠기곤 합니다.

책 읽기의 중요성에 대한 불꽃같은 증언

작년 8월에 통인동 집 월세가 너무나 갑자기 뛰어올라서 그곳을 떠날 수밖에 없는 상황에 직면했을 때는 눈앞이 캄캄했었어요. 두어 달 이곳저곳을 다니며 이사할 곳을 알아보았더니 어디나 할 것 없이 만만치 않게 월세가 오른 것은 물론이고 마음에 드는 장소가 좀체 나타나주지 않았어요. 그런 와중에 건강마저 나빠져서 한 때는 몸도 마음도 자신감을 잃었었지요. 과연 내가 이 나이에 길담서원을 이전하고 다시 시작하는 그 모든 절차와 무엇보다도 그 비용을 감당할 수 있을까? 라는 회의마저 엄습하는 것이었어요.

그런데 그때 마침 나는 일본의 젊은 철학자 사사키 아타루의 책 『잘라라, 저 기도하는 그 손을』을 우연히 손에 들고 읽기 시작했어요. 그 책의 효과는 정말 거짓말 같이 신통했어요. 나는 이 책에서 길담서원을 이전하여 새로운 출발을 할 힘과 용기를 얻었어요. "책과 혁명에 관한 닷새 밤의 기록"이라는 부제가 붙어 있는 그 책은 한마디로 책 읽기의 중요성에 대한 불꽃같은 증언이었습니다. "책을 만나라. 읽어라. 거듭 새롭게 읽어라. 써라. 글쓰기가 세상을 바꾼다."라는 그 책의 메시지는 내 눈을 활짝 열어주었습니다. 나는 길담서원의 의미, 중요성, 소중함에 대해 새삼스런 각성을 하게 되었습니다. 나는 길담서원 초창기에서부터 '책으로 여는 새 세상'이라는 화두를 가지고 있었습니다. 그것이 〈책여세〉라는 독서모임의 이름으로 정착하기도 했지요. 그런데 사사키 아타루의 책과 독서에 대한 생각은 길담서원이 가지고 있던 생각과 어쩌면 그렇게도 꼭 맞아 떨어지는지요. 나는 사사키의 책을 읽고 길담서원에 대한 자신감을 되찾았어요. 정신이 기운을 되찾으면서 몸의 건강도 회복하게 되었습니다. 그야말로 심기일전心機一轉이었습니다. 그 결과 길담서원이 직면한 상황을 돌파하겠다는 의지를 확고하게 세울 수 있었던 것입니다.

길담의 벗들 – "작은 목소리, 작은 땀방울, 작은 사랑"

바로 이 무렵, 길담의 벗 한 분이 도움의 손길을 내밀어 주었습니다. 나무와 숲을 사랑해서 'goforest(숲으로 가라)'라는 닉네임을 쓰는 분이신데 누군가의 도움이 정말 필요한 때에 나서주신 것입니다. 「길담 퀴즈」라는 유머러스한 양식의 글이었어요. "길담의 주인이 누구인가?"를 묻고, 길담을 아끼는 벗들의 "작은 목소리, 작은 땀방울, 작은 사랑을 길담은 기다리고 있다."고 하면서 "우리 모두가 주인이므로 우리가 함께 십시일반으로 힘을 모아야 한다"는 답이 저절로 떠오르도록 이끌었습니다.

나는 곧 이 제안에 화답하여 "벗들이여, 우리 함께 만들자. 새로운 대지를!"이라는 글을 올렸습니다. "함께 겪은 시련을 통해 영원히 맺어진 벗들의 우정은 돈으로 살 수 없다."라는 생떽쥐뻬리의 말, 그리고 발터 벤야민의 "캄캄한 밤길을 끝없이 걸어갈 때 힘이 되어 주는 것은 튼튼한 다리도 날개도 아니고 친구의 발걸음 소리이다."라는 경구를 글의 첫머리에 내걸었습니다.

"벗들이여, 우리 함께 만들자. 새로운 대지를!
오직 우정이 깃든 너와 나의 작은 손길로
옥인동 새 시대 길담서원
우리들의 새 터전, 새 보금자리,
새 시대를 열어갈 새로운 大地를!"

이라고 힘차게 호소하였습니다.

12월 3일부터 시작하여 12월 31일까지 한 달이 채 안 되는 기간을 시한으로 정하고 「길담서원 옥인동 새집 꾸미기 십시일반 모금 놀이」를 시작한 것입니다.

한 편의 드라마와도 같고 축제와도 같은 감동적인 십시일반의 작은 땀방울 보태기 행렬이 길담 카페를 수놓았습니다. 조회 수 648, 댓글이 154개나 달렸는데 그중 몇 개만 소개합니다.

"아, 소리 없이 반짝이는 별님들의 마음 감동스럽네요. 오늘 저녁 길담 가는 길에 작은 별 하나 보태라고 별님들이 속삭입니다. 이사 준비에 고생하시는 소년님, 뽀스띠노님, 힘내세요!"

"아, 이런 일이 있었군요. 새 보금자리에서 더욱 더 아름다운 일들이 이뤄지기를… 미력이나마 함께 합니다."

"길담서원을 향한 깊은 이해와 사랑이 알알이 배인 땀방울 잘 받았습니다. 참 고맙습니다. 옥인동 새집에 놀러 오세요!"

'모금 놀이'라는 말 그대로 한판의 유쾌한 놀이였습니다. 모금 시한을 일주일 남겨 놓은 12월 23일, 저는 어느 회원의 조언에 따라 길담 카페의 6천 명 회원 전원에게 동시에 전달되는 '쪽지'를 발송했습니다. 현재의 모금 상황을 알리고 부족한 3분의 1을 채우기 위해 도움의 손길을 호소한 것입니다. 쪽지 편지의 효과는 놀라웠습니다. "작은 목소리, 작은 땀방울, 작은 사랑"이 꼬리에 꼬리를 이었고 12월 31일 자정에는 목표액인 4천 만 원을 넘어섰습니다. 새집 인테리어와 비품 등 모든 비용을 이 돈으로 해결할 수 있게 되었습니다.

나는 모금 놀이를 시작하면서, 이번 옥인동 길담서원 새집 꾸미기 십시일반 모금에 우정의 땀방울을 보태신 분들과 이미 CMS로 후원해 주고 계시는 분들의 닉네임이나 이름을 저의 붓글씨로 써넣은 '꼴라쥬 형식'의 미술작품을 제작하여 길담서원을 함께 만든 사람들을 기억하는 역사 기념물의 하나로 새 길담서원 공간에 전시하고 영구 보존하겠다는 약속을 했었습니다.

그 약속을 이행하기 위해 저는 2014년 1월 1일 아침 일찍 일어나 목욕재계沐浴齋戒하고 길담서원 옥인동 새집에 나가서 〈길담의 벗〉이라는 미술작품 제작에 착수하였습니다. 지금 완성된 이 작품은 길담서원 새집에 전시되고 있습니다.

이제 길담서원 옥인동 새 공간에는 정원 60명 규모의 콘서트홀과 책방과 강연장을 겸한 메인 홀, 15명 규모의 큰 공부방, 부엌과 주방을 겸한 8명 규모의 작은 공부방, 한뼘미술관 갤러리, 출판사 '길담서원' 편집실, 그리고 야외 꽃밭과 옥외 테라스를 갖추게 되었습니다.

큰 공부방은 「서당書堂」이라는 이름으로 부르려 합니다. 그리고 주방이 딸려 있는 작은 공부방은 「밥상 인문학 – 웬델 베리의 방」이라 부르려 합니다. '서당'은 길담서원 옥인동 새집에서 싹트고 있는 새로운 공부 모임의 이름이기도 하지만 새 공부방법이기도 합니다. 나는 '서당'을 길담서원의 옥인동 새 시대를 상징하는 '키워드'로 삼을 생각입니다.

주방을 겸한 작은 공부방을 「밥상 인문학 – 웬델 베리의 방」이라고 이름 지으려 하는 것은, 텃밭 가꾸기, 밥상공동체, 자생–자급自生自給, subsistence의 삶을 추구하는 인문학에는 '밥상 인문학'이라는 이름이 제격이라고 생각하기 때문이고, 미국의 농부 문필가 웬델 베리Wendell Berry에게서 그러한 삶의 한 모범을 만날 수 있기 때문입니다. 여러분은 낮은산출판사에서 나온 웬델 베리의 책 『온 삶을 먹다』(원제: BRINGING IT TO THE TABLE)를 아시나요? 먹거리와 농사와 땅에 대한 성찰을 담은 이 책, 꼭 한번 읽어 보기 바랍니다.

「작은 공간의 가능성」– '자율'과 '공율'

그럼 이제부터 시간이 허락하는 한, 길담서원이 무엇인가, 어떤 꿈을 꾸고 있는가, 현재 그 꿈은 어떻게 현실로 실현되어 가고 있는가,

왜 이런 현대적 서원 운동이 우리 시대에 필요한가 등에 대해서 여러분에게 소개하도록 해 보죠.

길담서원이 두 돌을 맞던 2010년 2월에 나는 「작은 공간의 가능성 – 길담서원 두 돌에 부치는 글」이라는 긴 글을 써서 길담 카페에 올렸어요. 길담서원을 구상하면서부터 내가 품어 왔던 생각을 적어 본 글이었는데 길담서원을 이해하는 데는 이 글을 읽으면 지름길을 가는 셈이 될 것입니다.

그 글에서 밝혔듯이, 길담서원은 '자율自律'이라는 원리를 중요하게 생각합니다. 자율은 어떤 일을 할 때 먼저 그 일이 자기가 하고 싶은 일이어야 하고 그 일을 구상하고 계획하고 실행하는 데 있어서 남의 지배나 구속을 받지 아니하고 자기 자신이 그 일의 주인이 되어 스스로 생각하고 판단하며 자기 스스로 세운 원칙에 따라 일하는 것을 말합니다.

길담서원에서는 무슨 일을 하든지 자율의 원리를 따르려고 노력해 왔습니다. 어떤 일을 처음 시작할 때 최초의 발상에서부터 내가 자율적으로 참여하도록 권면합니다. 아이디어를 내는 첫 단계에서부터 내가 참여했을 때, 그 일의 주인이 '나'라는 자각을 가지게 됩니다. 그렇게 되면 내 안에서 신명이 솟아나게 됩니다. 첫 발상은 어떤 일의 가장 창조적인 부분에 속하기 때문에 그 발상을 누가 했는지는 매우 중요합니다. 그리고 이것을 어느 개인이나 소수의 사람들이 독점하지 않고 자율적인 개개인들이 서로 나누자는 것입니다. 어떤 이벤트나 프로그램을 만들 때, 처음 제안하는 글은 이미 결정된 사항을

공지하는 형태를 취하는 경우가 많은데, 길담서원에서는 되도록 그렇게 하지 않고 다른 사람들이 자신의 생각을 가지고 자율적으로 참여하고 싶은 마음이 생겨날 수 있도록 미결정의 공간을 크게 남겨 두는 방식을 취하려고 노력합니다. 길담은 "오셔서 주인이 되어 주세요." 하고 초대하는 열린 공간입니다.

'길담'은 '길'과 '담'으로 이루어진 말인데 '담'은 울타리 또는 담장으로 둘러쳐진 보금자리, 안식처, 배움터, 도량, 품 등을 뜻하고 '길'은 그 무수한 품과 품을 이어 주고 연결시켜 서로 소통하게 하여 품이 저 혼자 돌아앉아 유아독존하거나 닫힌 구조로 고립되지 않게 해 주고, 자기를 열어 서로 상대를 존중하고 서로 배우고 섬기는 관계로 승화될 수 있게 하는 열린 시스템을 뜻합니다.

길담서원에는 초창기부터 지금에 이르기까지 비온 뒤에 새싹들이 돋아나듯 다채로운 인문학 공부 모임들이 꼬리에 꼬리를 물고 생겨나고 있습니다. 재미있는 점은, 이런 프로그램에 아무도 기획을 책임지고 있지 않다는 것입니다. 누군가가 카페에 제안 글을 올리면, 댓글이 달리기 시작합니다. 댓글의 수와 내용으로 관심의 밀도가 확인되면 오프라인 준비 모임으로 발전하게 됩니다. 준비모임은 2~3회 모이는데, 관심 있는 사람은 누구나 참여할 수 있도록 문호를 활짝 개방합니다. 아무나 댓글로 참석 의사를 밝히면 됩니다. 이러한 프로세스 자체가 기획이라면 기획입니다. 말하자면 길담 식 기획이지요.

예를 들어, 청소년인문학교실도 그렇게 탄생했습니다. 중학교 1~2학년생이 준비 모임에 참석해 어른들과 대등하게 발언하고 토론하

머 어기서 니온 이야기들을 데표 김필헤서 기페에 을리기도 합니다. 함께 회의에 참석했던 어른들이 댓글로 청소년의 글을 격려해 주고 보완도 해 주고 하면서 몇 차례의 준비 모임이 진행됩니다. 길담서원에서 이루어지는 프로그램은 기존의 인습과 타성에서 벗어난 새로운 방식이 가능한지 묻고 찾아가는 실험이기도 합니다. 이래야 재미있고 좋은 내용의 기획이 나옵니다. 이 실험의 과정이 즐거운 놀이가 되고 우정의 씨앗이 싹트고 자라는 터전이 됩니다.

다음으로 길담 식 기획에서 중요한 것은 '즉흥성'을 존중하는 분위기입니다. 여기서 즉흥성이란 사전에 어떤 사람이 주도적으로 의도하고 기획하지 않는다는 뜻입니다. 누구라도 어떤 아이디어가 떠올랐을 때, 그 느낌이 깊고 절실하면 카페에 운을 떼어봅니다. 용의주도하게 기획하거나 조직한 결과가 아니라, 의도하거나 예상하지 않았는데 느닷없이 떠오른 느낌이나 생각의 실마리에서 하나의 착상이 생겨납니다. 누가 시켜서가 아니라 내가 하고 싶어서 하는 일일 때 속에서 솟아나는 신명이 있습니다. 이렇게 즉흥성을 중시하면 시행착오가 따르게 마련이지만, 길담서원에서는 이런 즉흥성과 시행착오를 창조적 활동의 한 에센스로 받아들입니다.

놀이와 축제의 요소, 즉흥성의 요소는 창조의 과정에서 필수적입니다. 주도면밀하게 기획된 프로그램엔 신명이 살아 있지 않아요. 수동적인 참가가 있을 뿐이죠. 거기엔 진정한 의미에서 '참여'는 없어요. 스스로 창조의 주인공이 될 때만 진정한 참여가 가능합니다. 각자가 주인이고 자율적 주체인 참여자들의 안으로부터 솟아오르는 신명과 열정은 길담이라는 품을 '신명나는 문화놀이터'로 만드는 활력소가 되고 있습니다.

지금, 길담서원은 옥인동 새 시대를 맞아 '자율 自律 self-rule'의 원리를 보완하는 원리로서 '공율 共律 common rule'의 원리를 도입하려고 합니다.

지난 6년간 통인동 시절의 길담서원이 '자율 自律'이라는 단일 원리를 중심으로 운행해왔다면, 옥인동 새 시대의 길담서원은 '자율'과 '공율 共律'이라는 두 원리 위에서 운행하게 될 것입니다. 이 두 원리는 원심력과 구심력, 자전 自轉과 공전 共轉처럼 창조적 긴장 관계 속에서 상호보완하고 조화롭게 양립할 것입니다. 자율은 공율에 의해 더 책임 있는 자유로 빛나게 되고 공율은 자율에 기초함으로써 내실 內實을 다지게 됩니다. 그리고 서당 書堂은 자율과 공율의 조화로운 일치를 적극적으로 실험하는 장 場이 될 것입니다.

희망의 싹 – 새로운 시민의 출현

오늘날 한국사회에는 인문학을 공부하는 새로운 시민들이 등장하고 있습니다. 길담서원처럼 시민들이 모여서 인문학 공부를 하는 품(=공동체)이 도심에도 지역에도 여기저기서 꽃다지처럼 피어나고 있습니다. 많은 사람들이 – 그 중에는 특히 여성들이 많지요. – 공부도 하고 문화 활동도 합니다. 현대인의 바쁜 일상의 리듬을 생각하면 이런 일은 결코 쉬운 일이 아닌데, 이토록 꾸준히 공부하면서 사회의 역사를 바라보는 인문학적 소양을 쌓아가는 분들을 보면 경탄하지 않을 수 없습니다. 참 아름다운 새로운 시민들이 출현하고 있는 것입니다. 물론 양적으로나 질적으로나 아직은 초창기이고 시작에 불과합니다. 그러나 이들이 장차 한국사회를 변화시킬 누룩이며 희망의 싹인 것은 분명합니다.

요즘 젊은이들은 하루 중 너무나 많은 시간을 스마트폰을 만지작거리며 보내고 있는 것 같아 안타깝습니다. 여러분, 인생을 살아가면서 길담서원을 닮은 우정의 품을 만드는 꿈을 꾸어 보시기 바랍니다. 그 꿈을 위해서 좋은 독서와 사색, 그리고 친구들과 함께 어울려 구상하고 토론하는 시간을 더 많이 가졌으면 좋겠어요.

청소년 앞에서 서당에 대해 말씀하시면서 서당은 새로운 공부 방법이기도 하다고 하셨던 것 같은데요, 그게 무슨 뜻인지 설명해 주십시오.

박성준 나는 '서당'을 길담서원의 옥인동 새 시대를 상징하는 키워드로 삼을 생각이랍니다. 오는 2월 25일에는 옥인동 새집에서 여섯 돌을 맞게 되죠. 뜻 깊은 기념행사를 준비하고 있는데, 이때부터 옛 통인동 시절과 구분하여 「길담서원 옥인동 새 시대」로 부르려고 해요. 지난 6년간 쌓아온 경험과 지혜를 활주로로 삼아 힘차게 비상飛上해 보려고 하는 거죠. 그럼 옥인동 새 시대의 길담서원은 무엇이 달라지는가? 그중 하나는 서당書堂의 존재입니다. 옥인동 새 시대 길담서원은 여러 다양한 공부 모임들 중에, 무엇보다 '서원을 서원되게' 하는 하나의 공부 모임을 〈서당書堂〉이라는 이름으로 열려고 합니다. 서당에서는 우리의 서원 전통이 공부법을 오늘에 되살려 낼 것입니다. 서생書生들은 〈길담 書堂 필독서 목록〉에 따른 독서와 글쓰기를 체화體化하기 위해 훈련discipline하고 정진합니다. 체화의 방법 중 하나는 훈장 선생님과 함께 필독서 '1권의 책 최소한 10독하기'에 몰입, 매진하는 것입니다. 외국어 공부도 엄선된 인류의 고전 양서良書 '10독'을 기본으로 하고 20독, 30독, 100독을 함으로써 암기와 체득體得에 이르도록 권면합니다. '열하일기'의 연암 박지원 선생이 당대의 중국 지식인들을 놀라게 했던 한문(어학) 실력과 빼어난 문장력도 바로 이러한 공부법에 따른 결실이었을 것입니다. 이런 의미에서 '서당'은 곧 새로운 공부 방법을 뜻한다고 말한 것입니다.

청소년 서당에서는 어떤 과목을 공부하는지요?

박성준 길담서원의 '서당書堂'에서는 필수과목으로 1) 철학 2) 글쓰기 3) 한문(또는 중국어) 4) 프랑스어 또는 독일어(둘 다 또는 택일) 5) 한국사를 포함한 동아시아사(史)를 배웁니다.

우리나라의 교육은 너무나 미국 중심으로 편향되어있어요. 그래서 길담 서당에서는 균형을 회복하는 노력으로 유럽적 교양과 가치관에 비중을 두고 커리큘럼을 짜보려고 합니다. 그래서 프랑스어와 독일어를 필수로 하는 것입니다. 그리고 유구한 세월 동안 한국인의 정신

문화의 젖줄이었던 동아시아의 여사를 한국사와 더불어 배우는데 또하나의 비중을 두려고 합니다.

청소년 「길담서원 옥인동 새 시대」는 통인동 시대과 구분한다고 하시고 힘차게 비상한다고 하셨는데, 서당 말고는 다른 구상은 없습니까?

박성준 네, 있지요. 그것이 언제 실현될지 지금으로서는 가늠하기 어렵지만, 길담서원은 회원 한 사람 한 사람이 자신의 저서著書를 갖는 시대를 열려고 합니다. 이를 실현하기 위해서 서원 안에 자기 책을 쓰고자 하는 사람들을 위한 〈글쓰기 학교〉를 둘 생각입니다. 글쓰기의 장르는, '1인 1책'이라는 이상을 현실화하기 위해, 학술적 논문으로부터 시, 소설, 희곡, 에세이, 일기, 서간문, 여행기, 르뽀, 번역작품에 이르기까지 폭넓은 스펙트럼과 다양한 영역을 망라해야 하리라고 생각합니다. 이 학교는 한 해에 한 번이나 두 번 졸업생을 배출하며 가장 뛰어난 책의 저자에게 길담서원 고유의 학위를 수여할 것입니다. 프랑스의 철학자 쟝 발이 세운 사설 철학학교 'COLLEGE PHILOSOPHIQUE'는 하나의 모델이 될 수 있을 것입니다.